Educação e emancipação

Theodor W. Adorno

Educação e emancipação

Tradução
Wolfgang Leo Maar

8ª edição revista

Paz & Terra
Rio de Janeiro
2025

© Suhrkamp Verlag, Frankfurt am Main, 1971

Título do original: *Erziehung zur Mündgkeit, Vorträge und Gespräche mit Hellmut Becker, 1959-69, herausgegebeti von Gerd Kadelbach*

Todos os direitos reservados. É proibido reproduzir, armazenar ou transmitir partes deste livro, através de quaisquer meios, sem prévia autorização por escrito.

Direitos desta edição adquiridos pela
EDITORA PAZ & TERRA
Rua Argentina, 171, 3º andar – São Cristóvão
Rio de Janeiro, RJ – 20921-380
http://www.record.com.br

Seja um leitor preferencial Record.
Cadastre-se no site www.record.com.br
e receba informações sobre nossos lançamentos e nossas promoções.

Atendimento e venda direta ao leitor:
sac@record.com.br

Texto revisado segundo o Acordo Ortográfico da Língua Portuguesa de 1990.

CIP-BRASIL. CATALOGAÇÃO NA PUBLICAÇÃO
SINDICATO NACIONAL DOS EDITORES DE LIVROS, RJ

Adorno, Theodor W., 1903-1969

A186e   Educação e emancipação / Theodor W. Adorno;
8ª ed.   tradução Wolfgang Leo Maar. – 8ª edição revista – Rio de
Janeiro: Paz e Terra, 2025.
208 p.

Tradução de: Erziehung zur mündgkeit, vorträge und gespräche mit hellmut becker, 1959-69, herausgegebeti von gerd kadelbach
ISBN 978-65-5548-016-0

1. Educação – Alemanha. I. Maar, Wolfgang Leo. II. Título.

370.943
20-65840   37(430)

Leandra Felix da Cruz Candido – Bibliotecária – CRB-7/6135

Impresso no Brasil
2025

Sumário

Prefácio	7
À guisa de introdução: *Adorno e a experiência formativa*	11
O que significa elaborar o passado	31
A filosofia e os professores	55
Televisão e formação	81
Tabus acerca do magistério	105
Educação após Auschwitz	129
Educação — para quê?	151
A educação contra a barbárie	169
Educação e emancipação	185
Referências	203
Cronologia	205

Prefácio

Theodor W. Adorno, cético em relação aos meios de comunicação de massa e cheio de aversão às organizações e instituições formadoras de opinião, só muito a contragosto concordaria em vida com o registro de suas palestras e entrevistas radiofônicas acerca de problemas da pedagogia prática. Acabaria aceitando sua publicação, mas precedida de uma advertência em relação ao texto, nos moldes da encontrada como preâmbulo à conferência radiofônica "Tabus acerca do magistério" ou como introdução a um trabalho publicado na revista *Argument 29*, "Para combater o antissemitismo hoje", reproduzindo uma palestra proferida por Adorno em 30 de outubro de 1962 para o Conselho Coordenador das Associações para a Colaboração Judaico-Cristã. Ali ele afirmava:

> O autor tem consciência que, por sua eficácia específica, a distância entre a palavra falada e a palavra escrita é ainda maior do que usualmente. Se ele falasse tal como é obrigado a escrever em função do compromisso com a apresentação do objeto, se tornaria incompreensível; mas nada do que pode dizer é capaz de fazer jus ao que é preciso exigir de um texto. Quanto mais gerais são as polarizações, tanto mais aumentam

as dificuldades para alguém cuja produção obedece ao princípio de que "Deus reside no detalhe", como um crítico havia pouco atestava gentilmente. Onde um texto deveria oferecer provas precisas, conferências como estas se mantêm presas à afirmação dogmática de resultados. Portanto, ele não pode assumir a responsabilidade pelo impresso, considerando o mesmo meramente como suporte da memória para os que estiveram presentes por ocasião de sua improvisação e que evidentemente pretendem continuar refletindo acerca das questões aventadas com base nos modestos estímulos que lhes transmitiu. No fato de existir por toda parte a tendência a gravar a conversa descompromissada, como se diz, o autor enxerga um sintoma daquele comportamento do mundo administrado que fixa até mesmo a palavra efêmera que tem sua verdade na própria transitoriedade, para comprometer o orador com ela. O registro gravado é como a impressão digital do espírito vivo.

Nestes termos, o registro das gravações dessas conferências e entrevistas livres de Adorno com Hellmut Becker constitui uma documentação acerca dos esforços práticos de um teórico que não podia nem queria abrir mão de apresentar ao público acessível a sua crítica ao "empreendimento", ao "todo". Nessa ocasião apresentam-se inclusive sugestões bastante concretas, contribuindo para corrigir a imagem do crítico apenas negativo. A relação entre teoria e prática, oferecida aqui de um modo prático-teórico, é determinante nessa documentação, que ao mesmo tempo revela nuances até agora desconhecidas do método de trabalho de Adorno.

Os trabalhos de Adorno aqui expostos — quatro conferências redigidas pelo próprio Adorno para a impressão e quatro conversas com Hellmut Becker e Gerd Kadelbach, que foram transcritas conforme as gravações — foram produzidos em parceria com a Divisão de Educação e Cultura da Rádio do Estado de Hessen, em cuja série "Questões educacionais da atualidade" Adorno foi convidado ao menos uma vez por ano no decênio entre 1959 e 1969. Theodor W. Adorno relacionava-se de muitas maneiras com a Rádio de Hessen. Suas reflexões estéticas sobre a música moderna foram transmitidas por essa emissora, em parte como apresentações monográficas, em parte em conversas muito animadas com os redatores da Divisão de Música, com vozes discordantes, colaboradores e amigos. Nas transmissões da "Palavra cultural", uma dessas colaborações foi a de Erika Mann, com quem desenvolveu um debate acerca do retorno dos emigrantes. Em conjunto com Lotte Lenya, esclareceu lenda e realidade dos anos 1920, e no "Estúdio vespertino" portava-se como um autor engajado e cheio de temperamento. Em todas essas oportunidades o fundamental para ele era ser compreendido. Ocupava-se de um modo meticuloso com as reações críticas dos ouvintes em relação a suas contribuições, por exemplo, em sua palestra no "Estúdio vespertino", acerca das "palavras do estrangeiro", porque haviam lhe dito que o instrumental de sua terminologia especializada permanecia incompreensível aos leigos.

Em 16 de julho de 1969, seis dias antes de iniciar suas férias em Zermatt, de que não mais regressaria, Adorno esteve pela última vez na sede da Rádio de Frankfurt. Com Hellmut Becker, o diretor do Instituto de Pesquisas Educacionais da Sociedade Max Planck, em Berlim, conduziu uma conversa intitulada "Educação e emancipação". Essa transmissão se tornaria assim a última entrevista de uma sequência de debates pedagógicos, iniciada em 1959 com o título "O que significa elaborar o passado". Será difícil desvendar a contradição existente entre o engajamento jornalístico de Adorno e aquela formulação da Dialética negativa que questiona esse engajamento:

> Quem defende a manutenção da cultura radicalmente culpada e medíocre converte-se em cúmplice, enquanto aquele que recusa a cultura promove imediatamente a barbárie que a cultura revelou ser.

A resposta encontra-se nos esforços desenvolvidos por Adorno para difundir a educação política, que para ele se identificava à educação para a emancipação.

Frankfurt, fevereiro de 1970
Gerd Kadelbach

À guisa de introdução:
Adorno e a experiência formativa

A educação não é necessariamente um fator de emancipação. Numa época em que educação, ciência e tecnologia se apresentam — agora "globalmente", conforme a moda em voga — como passaportes para um mundo "moderno" conforme os ideais de humanização, essas considerações de Theodor W. Adorno podem soar como um melancólico desânimo.

Na verdade significam exatamente o contrário: a necessidade da crítica permanente. Após Auschwitz, é preciso elaborar o passado e criticar o presente prejudicado, evitando que este perdure e, assim, que aquele se repita. O filósofo alerta os educadores em relação ao deslumbramento geral, e em particular o relativo à educação, que ameaça o conteúdo ético do processo formativo em função de sua determinação social. Isto é, adverte contra os efeitos negativos de um processo educacional pautado meramente numa estratégia de "esclarecimento" da consciência, sem levar na devida conta a forma social em que a educação se concretiza como apropriação de conhecimentos técnicos. Parafraseando Adorno no último parágrafo da *Minima moralia*, quanto mais a educação procura se fechar ao seu condicionamento social, tanto mais ela se converte em mera presa da situação social existente. É a situação do "sonho de uma humanidade que torna o mundo humano, sonho que o próprio mundo sufoca com obstinação na humanidade"! O desenvolvimento da sociedade a partir da Ilustração, em que cabe importante papel à educação e formação cultural, conduziu inexoravelmente à barbárie. Ou, para dizer o mesmo pelo reverso: o próprio processo que impõe a barbárie aos homens ao mesmo tempo constitui a base de sua sobrevivência. Eis aqui o nó a ser desatado. A função da teoria crítica seria justamente analisar a formação social em que isso se dá, revelando as raízes deste movimento — que não são acidentais — e descobrindo as condições para interferir em seu rumo. O essencial é pensar a sociedade e a educação em seu devir. Só assim seria possível fixar alternativas históricas tendo como base a emancipação de todos no sentido de se tornarem sujeitos refletidos da história, aptos a interromper a barbárie e realizar o conteúdo positivo, emancipatório, do movimento de ilustração da razão. Esta, porém, seria uma tarefa que diz respeito a características do objeto, da formação social em seu movimento, que são travadas pelo seu encantamento, pelo seu feitiço. Por isso a educação, necessária para produzir a situação vigente, parece impotente para transformá-la.

Dedicação e abertura total frente ao objeto, frente à coisa — assim poderíamos resumir a atitude de Adorno. Como num diálogo com Wittgenstein, procura evitar o emudecimento do que aparentemente não pode se expressar, teimando em dizer o indizível. Não se detém face ao objeto que parece natural, aponta limitações objetivas, confrontando-nos com dificuldades ocultas e complicando soluções fáceis. Conduz o objeto à revelação da causalidade submersa no que parecia meramente acidental, apresentando-o como resultado e enredando-o em situações paradoxais, jogando os objetos contra os seus conceitos. Evita dissolver o problema, procurando dissolver a rigidez do objeto, revelando o conflito como contradição, possibilitando convertê-lo em base de uma experiência formativa. O núcleo dessa experiência reside na compreensão do presente como histórico e na recusa de um curso pré-traçado para a história, atribuindo-lhe um sentido emancipatório construído a partir da elaboração de um passado, que parece fixado e determinado apenas como garantia de sua continuidade, cujo curso precisa ser rompido em suas condições sociais e objetivas.

Estes são textos de intervenção viva, densos mas fluentes e brilhantes, contrariando a imagem de um pensador de difícil acesso. A influência de Adorno é crescente, como acontece em maior ou menor medida ao conjunto chamado Escola de Frankfurt. Nem poderia ser diferente: um pensador comprometido com os problemas do trabalho social e da sociedade de classes (ao contrário de Habermas), que não se encontra praticamente tolhido por uma forma social concreta de sujeito histórico (partido etc.) não poderia ser mais atual em tempos de "queda do muro". Ainda mais quando provém da "cultura burguesa" e argumenta de modo intelectualmente inconteste para os seus adversários, apologetas da inevitabilidade da formação social burguesa existente.

Adorno ficou conhecido, ao lado de Horkheimer, como autor da *Dialética do esclarecimento*, na qual cunharia o conceito famoso de "indústria cultural", e que circularia vinte anos após a primeira e acanhada edição em 1947 em grande número de cópias-piratas entre os estudantes e rebeldes de 1968. Desde o fim da década de 1950, Adorno valorizaria progressivamente suas intervenções públicas, em debates com os estudantes radicais junto a Habermas, com os movimentos sociais e sindicatos, com Oskar Negt, influenciando o Cinema Novo alemão, com Alexander Kluge etc. Em seu país assume grande notoriedade ainda antes de Marcuse, por artigos na imprensa, em revistas e em debates pelo rádio. Nos textos ora em pauta, a amizade com Hellmut Becker estimularia um conjunto de intervenções sobre a temática educacional e formativa. Os próprios textos já fazem as vezes de "experiência formativa" em uma de suas dimensões fundamentais, em que cabe ao leitor abrir-se à experiência do objeto focalizado, experimentá-lo para tornar-se por essa via experiente e, por isso, autônomo. Para isso, impõe-se um contato aberto. "O que perturba", diria nosso autor, "é a ruptura entre o que constitui objeto de elaboração e os sujeitos vivos". Alguns textos são ensaios arrebatadores em seu ofício de desencantamento: "O que significa elaborar o passado" e "Educação após Auschwitz" são verdadeiras aulas de dialética; "A filosofia e os professores" e "Tabus acerca do magistério" são exemplos de reconstrução do sentido emancipatório da formação cultural, dosando rebeldia e indignação em termos cultivados. Adorno combate em uma dupla frente: a um tempo contra a "falsa cultura" e a favor da "cultura". Intervém sem a empostação fria falsamente profunda e municiada apenas com uma "cientificidade" engessada, mas sem distanciar-se do rigor, atentando minuciosamente à distinção das particularidades sem perder de vista o todo em seu estilo ensaístico.

Essa predileção pelo ensaio como forma, aliás, constitui uma marca de Adorno. Por essa via ele procurava escapar aos ditames de um pensamento enrijecido, coisificado, cuja aparente precisão de lógica discursiva nos envolve com um encantamento que acaba tolhendo nossa liberdade intelectual, restringindo o alcance da reflexão, em vez de ampliá-la. Assim a forma relaciona-se ao conteúdo do pensamento para Adorno. Um congelamento formal da argumentação não corresponderia a um ditame do rigor na exposição lógica do conteúdo do pensamento. Ao contrário, seria apenas uma imposição do estabelecido que resulta em diluição por meio de um processo de abstração progressiva, apropriado tão somente a ser uma "ciência para o povo", uma forma vigente de interpretação do mundo. E Adorno se vangloriava de pensamentos ainda não estabelecidos, de pensamentos arrojados...

Este livro possibilita uma dupla aproximação. É possível lê-lo como intervenção de Adorno no debate educacional que remete ao seu pensamento filosófico e social. Ou, inversamente, concebê-lo como ensaio de introdução à obra filosófica e sociológica que se apoia em momentos educacionais. A íntima vinculação entre a questão educacional e formativa e a reflexão teórica social, política e filosófica constitui a manifestação mais direta do núcleo temático essencial ao conjunto da chamada Escola de Frankfurt: a relação entre teoria e prática. Em Adorno, a teoria social é na realidade uma abordagem formativa, e a reflexão educacional constitui uma focalização político-social. Uma educação política.

O que dizer, por exemplo, de um mundo em que a fome é avassaladora, quando a partir de um ponto de vista científico técnico já poderia ter sido eliminada? Ou, o inverso: como pode um mundo tão desenvolvido cientificamente apresentar tanta miséria? Este é o problema central, insiste o nosso autor: o confronto com as formas sociais que se sobrepõem às soluções "racionais". O problema maior é julgar-se esclarecido sem sê-lo, sem dar-se conta da falsidade de sua própria condição. Assim como o desenvolvimento científico não conduz necessariamente à emancipação, por encontrar-se vinculado a uma determinada formação social, também acontece com o desenvolvimento no plano educacional. Como pôde um país tão culto e educado como a Alemanha de Goethe desembocar na barbárie nazista de Hitler? Caminho tradicional para a autonomia, a formação cultural pode conduzir ao contrário da emancipação, à barbárie. O nazismo constituiria o exemplo acabado deste componente de dominação da educação, resultado necessário e não acidental do processo de desenvolvimento da sociedade em suas bases materiais.

Adorno se detém na formação educacional por motivação análoga à que instigou Kant a se ocupar do esclarecimento da Ilustração. Assim como a Ilustração tornara-se problemática no final do século das Luzes, a formação converteu-se em problema nessa segunda ilustração que se estende desde os inícios do movimento que, centrando-se no trabalho social, leva a ciência a se converter em força produtiva social. O quadro mais avassalador dessa situação é o capitalismo tardio de nossa época, embaralhando os referenciais da razão nos termos de uma racionalidade produtivista pela qual o sentido ético dos processos formativos e educacionais vaga à mercê das marés econômicas. A crise da formação é a expressão mais desenvolvida da crise social da sociedade moderna. De Hegel a Marx, de Nietzsche a Freud, de Husserl a Heidegger, de Lukács à Escola de Frankfurt, a crise do processo formativo seria um tema privilegiado. O trajeto intelectual de Adorno constitui, neste sentido, a história dessa crise da formação e da educação em face da dinâmica do trabalho social.

A educação já não diz respeito meramente à formação da consciência de si, ao aperfeiçoamento moral, à conscientização. É preciso escapar das armadilhas de um enfoque "subjetivista" da subjetividade na sociedade capitalista burguesa. A "consciência" já não seria apreendida como constituída no plano das representações, sejam ideias oriundas da percepção ou da imaginação, ou da razão moral. A consciência já não seria "de", mas ela "é". Seria apreendida como sendo experiência objetiva na interação social e na relação com a natureza, ou seja, no âmbito do trabalho social. A verdade não seria condicionada subjetivamente, mas objetivamente. Afinal a formação da identidade passara, a partir de Hegel, a ser uma atribuição do "objeto", e não mais constituída pelo sujeito. Da questão colocada por Kant — "o que devo fazer?" — se transitaria agora à questão do objeto — a sociedade produzida e reproduzida nos termos do trabalho social — que se "apresenta" como experiência em que se articulam objetividade e subjetividade. Nestes termos, para não ser vazia, a "ética" precisaria se afirmar no plano do trabalho social; caso contrário — a recusa da articulação entre formação e trabalho —, o referencial ético voltaria a se basear no "subjetivismo normativo". Hegel advertira em sua Fenomenologia do espírito para a diferença entre formação em sua concepção antiga e sua concepção moderna. Aquela consistia num progressivo aperfeiçoamento em direção à universalidade, enquanto nesta a "universalidade" nos defronta como totalidade pronta, sólida, com que se estabelece uma "experiência" em que se apresenta efetivamente. Doravante também a educação se referia a um processo social objetivo.

* * *

"O trabalho forma" — este foi o mote estabelecido por Hegel na passagem famosa sobre "dominação e servidão" na obra citada, com que se estabeleceu a referência para a modernidade como produção social apreendida num modelo de totalidade conjunta de base econômica e de estrutura política e cultural. Cultura e formação (cultural), educação e ética, subjetividade e consciência articulam-se ao plano do trabalho. Mas, diferentemente de Hegel, que interpreta retrospectivamente a educação na sociedade já feita, Marx pensa-a na práxis da formação ainda inconclusa do presente. A realidade efetiva da história é uma "formação pelo trabalho": eis a revolução copernicana de Marx. A partir dessa formação pelo trabalho seria possível doravante pensar no capitalismo como uma síntese socialmente formada. Mas muito cedo ficaria claro que, embora o trabalho fosse formador, o que se observava era a universalização da forma social do trabalho alienado, deformador; a formação se desenvolveria como um déficit ético no capitalismo. O modelo da formação, originalmente atrelado a uma concepção de sociedade totalizada nos moldes do antigo trabalho artesanal, tinha seu destino traçado pela própria prática produtiva dos homens no movimento histórico da industrialização. A experiência formativa pelo trabalho social acompanha o desenvolvimento do processo de trabalho e tudo o que isso representa em termos de transformações culturais, científicas, tecnológicas etc.

A Escola de Frankfurt é um reflexo teórico da crise do trabalho formador, em especial da questão da articulação entre processo de trabalho social e processo de formação cultural ("trabalho formador" ou "trabalho e interação"?). Essa crise já constituíra na década de 1920, por exemplo, o ímpeto à renovação hegeliana do marxismo em Lukács, preocupado com a aparente realidade do descompasso entre cultura e civilização material, a deformação da subjetividade pela forma concreta do trabalho social, quando o que deveria se verificar seria o inverso, a articulação entre formação cultural e trabalho produtivo. Lukács insiste na dialética da experiência formativa nos termos hegelianos, mas procurando acompanhar os momentos do trabalho e do capital. Para ele, o trabalho forma, mas a realidade objetiva é a reificação, a coisificação do processo formativo que corresponde ao trabalho alienado e alienante regido pela acumulação do capital, trabalho morto. Tal é a dissolução da dimensão ética na formação pelo trabalho que a reificação dela resultante abrange inclusive a burguesia beneficiária do trabalho alienado. Isso demonstraria como o próprio processo de formação é reificado, é coisificado estruturalmente, tornando a verdade uma função do trabalho social.

A formação cultural, a *Bildung* dos homens cultivados em quem se julgava resistirem as dimensões humanizadas do mundo, os ideais éticos, estava ameaçada.

Lukács concentraria sua análise na deformação resultante do domínio do capital sobre o processo de produção social; ele resguardava em seus termos gerais a relação entre trabalho e formação; para ele, persistiria um conteúdo emancipatório na cultura. Adorno, ao contrário, centraria sua atenção sobretudo na crise do modelo de articulação entre trabalho e formação, mas sem recusá-lo como Heidegger. Logo no início da *Dialética do esclarecimento* apontaria como um dos problemas principais o subestimar as dificuldades, porque "ainda tínhamos confiança excessiva na consciência do momento presente", confiança logo abandonada. Sem descrer da luta de classes, mas aprofundando sua forma, deixou de atribuir qualquer papel revolucionário à cultura vigente, à "consciência da época". Aprendera com Walter Benjamin que a crise da formação cultural, a deficiência da experiência cultural continuada, constitui a característica da modernidade, colocando em xeque assim a noção de "progresso".

Quando Adorno questiona a continuidade da contradição produtiva engendrada pelo conflito entre o desenvolvimento das forças produtivas e o desenvolvimento das relações de produção no "capitalismo tardio" — conceito que prefere em substituição a "sociedade industrial" — está questionando a formação a partir de uma determinada forma social assumida pelo trabalho. Forma social que no capitalismo tardio se caracteriza pela conversão progressiva de ciência e tecnologia em forças produtivas. Dirimindo a contradição entre forças produtivas e relações de produção, ao estancar a queda da taxa de lucros e manter produção e consumo em níveis elevados, a ciência-técnica dissolve a experiência formativa a partir do trabalho social nos termos vigentes. A crise do processo formativo e educacional, portanto, é uma conclusão inevitável da dinâmica atual do processo produtivo. A dissolução da formação como experiência formativa redunda no império do que se encontra formado, na dominação do existente.

A formação que, por fim, conduziria à autonomia dos homens precisa levar em conta as condições a que se encontram subordinadas à produção e à reprodução da vida humana em sociedade e na relação com a natureza. O poder das relações sociais é decisivo, sofrendo ainda os efeitos das pulsões instintivas: para os frankfurtianos, Marx e Freud desvendaram os determinantes da limitação do esclarecimento, da experiência do insucesso da humanização do mundo, da generalização da alienação e da dissolução da experiência formativa. As relações sociais não afetam somente as condições da produção econômica e material, mas também interagem no plano da "subjetividade", onde originam relações de dominação. Ao lado da identificação entre ciência e forças produtivas, já assinalada, a integração social das classes trabalhadoras, a manipulação das massas no nazifascismo e a expansão das sociedades consumistas seriam exemplos concretos dessas formas de dominação.

A *Dialética do esclarecimento* constitui a expressão da subjetividade ameaçada, a "semiformação", e das forças anônimas que ameaçam a subjetividade, a "indústria cultural". Adorno não abdicara da vinculação, necessária embora não automática, entre esclarecimento e liberdade, entre razão e emancipação. Automática parecia antes ser a ruptura dessa vinculação. Ela não se deve à ignorância, ao que seria o oposto da ciência e da cultura. Deve-se à "cumplicidade" — feliz caracterização de Gabriel Cohn, introdutor da sociologia de Adorno no Brasil — entre o próprio desenvolvimento da ciência e da cultura, as formas socialmente objetivadas da subjetividade, e a estrutura da dominação conservadora da formação social. Essa cumplicidade seria refletida no conceito de "indústria cultural" como caracterização social objetiva da perda da dimensão emancipatória gerada inexoravelmente no movimento da razão. Por essa via, a "razão" também seria caracterizada em termos sociais objetivos, e não "teoricamente", no plano da "consciência" ou do "esclarecimento", ou seja, do conhecimento por oposição à ignorância etc. Daí as dificuldades em traduzir *Aufklärung* [a rigor: Ilustração] por "esclarecimento", como se tornou praxe, destacando o momento subjetivo do conhecimento sem referir-se com igual destaque ao momento objetivo da subjetividade, ou à formação social como "sujeito". Por essa via compreende-se também que para Adorno o problema consistia na falta de racionalidade. Ele não criticava a racionalidade, mas o seu déficit nos termos da experiência formativa dialética, que nada mais seria para Adorno do que a própria razão. Trata-se de advertir a razão contra si mesma em nome de si mesma.

A indústria cultural expressa a forma repressiva da formação da identidade da subjetividade social contemporânea. Marx já assinalara como pela educação os trabalhadores "aceitam" ser classe proletária, interiorizando a dominação, por exemplo, nos seus hábitos. Agora vemos como essa "aceitação" se dá objetivamente no capitalismo tardio.

Em primeiro lugar, há uma transformação básica na chamada "superestrutura", confundindo-se os planos da economia e da cultura. A indústria cultural determina toda a estrutura de sentido da vida cultural pela racionalidade estratégica da produção econômica, que se inocula nos bens culturais enquanto se convertem estritamente em mercadorias; a própria organização da cultura, portanto, é manipulatória dos sentidos dos objetos culturais, subordinando-os aos sentidos econômicos e políticos e, logo, à situação vigente.

Além disso, ocorre uma interferência na apreensão da sociedade pelos seus "sujeitos" pelo mecanismo da "semiformação": seja com conteúdos irracionais, seja com conteúdos conformistas. Em ambos os casos mobilizam-se traços autoritários da personalidade, conforme os *Estudos sobre a personalidade autoritária*, desenvolvidos pelos frankfurtianos nos Estados Unidos. No primeiro caso, para apelos contra a razão e a vida intelectual e cultural; e no outro caso, favorecendo a fraqueza do eu, estimulando o comportamento de assimilação e adaptação das massas, canalizando os interesses ao existente. "A resistência contra o existente eliminaria a única fonte de prazer possível que resta", diria Adorno em outra ocasião. Os bens da indústria cultural efetivamente produzem satisfação de interesses objetivos, assim como as mercadorias da sociedade consumista do capitalismo tardio têm valor de uso. Também em seu caráter afirmativo, a cultura corresponde a interesses sensíveis; mesmo a obra de arte disposta num plano utópico e retirada do convívio social seria sentida de fato como bela, diria Marcuse. A indústria cultural tem bases objetivas, sem o que seria inexplicável.

Enfim: a indústria cultural reflete a irracionalidade objetiva da sociedade capitalista tardia, como racionalidade da manipulação das massas. A indústria cultural obscurece por razões objetivas, aparecendo como uma função pública da apropriação privada do trabalho social. Na continuidade de seu próprio desenvolvimento, o esclarecimento se inverte em obscurantismo e ocultamento. Para Adorno, a indústria cultural corresponde à continuidade histórica de condições sociais objetivas que formam a antecâmara de Auschwitz, a racionalização da linha de produção industrial — seja fordista, seja flexível — do terror e da morte.

"Que Auschwitz não se repita!" Dificilmente haverá articulação mais contundente entre educação e ética. O sentido da história aparece com o vigor de um imperativo categórico. Mas essa não é uma questão "moral" referente a uma consciência constitutiva, um dever ser, mas uma questão social objetiva; implica uma práxis. A exemplaridade da experiência formativa prejudicada tornaria a educação contra a barbárie de Auschwitz em educação com sentido emancipatório. Vincular a educação a um tal sentido ético não passa pelos bons conselhos ou pelo aperfeiçoamento moral, mas implica a necessidade de intervenções objetivas, materiais, no nível das condições sociais e psicológicas em que se embala Auschwitz. "Que existiu unicamente porque existiram as suas condições objetivas", adverte o nosso autor; assim como a persistência das mesmas possibilita também a repetição de Auschwitz. Tais condições não formam um acaso fortuito, mas correspondem ao desenvolvimento necessário da racionalidade social no capitalismo tardio.

Em outras palavras: a questão do poder e da ética, a dominação autoritária ou a democracia não são examinadas como fundantes ou existências primárias (como ocorre na obra de Foucault, por exemplo) mas derivadas no curso do desenvolvimento determinado da formação social. Auschwitz faz parte de um processo social objetivo de uma regressão associada ao progresso, um processo de coisificação que impede a experiência formativa, substituindo-a por uma reflexão afirmativa, autoconservadora, da situação vigente. Auschwitz não representa apenas (!) o genocídio num campo de extermínio, mas simboliza a tragédia da formação na sociedade capitalista. A "semiformação" obscurece, mas, ao mesmo tempo, convence. Vimos que a "indústria cultural" é a cultura totalmente convertida em mercadoria, no plano da totalização da estrutura da mercadoria na formação social, inclusive no plano das próprias necessidades sensíveis a que correspondem os valores de uso dos bens na sociedade de consumo. O esclarecimento como consciência de si, como autoconscientização, já vimos anteriormente, é condicionado culturalmente e, nos termos da indústria cultural, limita-se a uma "semiformação", a uma falsa experiência restrita ao caráter afirmativo, ao que resulta da satisfação provocada pelo consumo dos bens culturais. Essa é uma satisfação real, ela corresponde a interesses objetivos, representa uma determinada satisfação concreta dos sentidos. Mas é uma satisfação que trava as possibilidades da experiência formativa, provoca uma regressão de sentidos como a audição.

Pelo fenômeno da indústria cultural, portanto, a dominação no plano da subjetividade, até mesmo em seus aspectos mais subjetivos, seria condicionada à estrutura social. Nestes termos Adorno não implementa uma crítica ética do poder, mas confere clareza suplementar à derivação da dominação a partir da estruturação social do trabalho, conforme Hegel e Marx. Neste sentido, a "indústria cultural" é um conceito político e ético materialmente embasado no processo produtivo. Do mesmo modo, o conceito de "semiformação" constitui a base social de uma estrutura de dominação, e não representa o resultado de um processo de manipulação e dominação políticas. Esse potencial dos conceitos da *Dialética do esclarecimento* certamente não foi considerado por Habermas, caso contrário torna-se incompreensível sua opção pela dualidade entre trabalho e interação.

* * *

Para terminar, insistamos ainda nessa relação básica que Adorno estabelece entre Auschwitz e a ausência da aptidão à experiência. Experiência [*Erfahrung*] precisa ser apreendida fora do espectro do experimento das ciências naturais; há que remeter-se a Hegel e sua "ciência da experiência da consciência". A experiência é um processo autorreflexivo, em que a relação com o objeto forma a mediação pela qual se forma o sujeito em sua "objetividade". Nesse sentido, a experiência seria dialética, basicamente um processo de mediação. Pela via dessa mediação, destaquem-se então dois momentos do processo vinculados ao conteúdo de verdade da experiência, isto é, referentes à experiência formativa num sentido emancipatório tal como Adorno a procuraria apreender.

Por um lado, o momento materialista da experiência como disponibilidade ao contato com o objeto, como abertura ao empirismo. Ela possibilitaria romper as limitações autoestabelecidas pelo curso do desenvolvimento da teoria. O pensamento precisa recuperar a experiência do concreto sensível ("ouvir uma sonata de Beethoven da sala ao lado...", do outro, junto ao entendimento e seus conceitos, que não representam totalmente a realidade, a qual acabam mascarando. Nessa medida, Adorno desenvolveria o processo de mimese como caracterização da arte fora dos parâmetros da indústria cultural. Por outro lado, o momento histórico: a experiência dialética no sentido de "tornar-se experiente", isto é, aprender pela via mediada da elaboração do processo formativo, assumindo-se a relevância tanto dos resultados quanto do próprio processo. "O passado não é um ponto fixo" do qual deriva o presente, dissera Walter Benjamin. Caberia conferir um sentido à história reelaborando a relação do passado ao presente, justamente para apreender o presente como sendo histórico, acessível a uma práxis transformadora. "A verdade, o absoluto, não apenas como substância, mas como sujeito", diria Hegel.

Em cada momento, a teoria crítica confrontaria a realização mais ou menos bem-sucedida da experiência formativa com sua "ideia", com o conceito de uma formação verdadeiramente realizada. A experiência formativa seria, nestes termos, um movimento pelo qual a figura realizada seria confrontada com sua própria limitação. Por isso, justamente, esse método da formação crítica é "negativo": o que é torna-se efetivamente o que é pela relação com o que não é. O dinamismo do processo é de recusa do existente, pela via da contradição e da resistência. Ele pressupõe uma lógica da não identidade, uma inadequação — no curso da experiência pela qual a realidade efetiva se forma — entre realidade e conceito, entre a existência e sua forma social. O conteúdo da experiência formativa não se esgota na relação formal do conhecimento — das ciências naturais, por exemplo — mas implica uma transformação do sujeito no curso do seu contato transformador com o objeto na realidade. Para isso se exige tempo de mediação e continuidade, em oposição ao imediatismo e fragmentação da racionalidade formal coisificada, da identidade nos termos da indústria cultural. Assim, a experiência formativa pressupõe uma aptidão cuja ausência caracterizaria a atualidade ainda mais do que a própria falta de conteúdo formativo. Para Adorno, o travamento da experiência deve-se à repressão do diferenciado em prol da uniformização da sociedade administrada, e à repressão do processo em prol do resultado, falsamente independente, isolado. Essas seriam, como já se viu, as características da "semiformação".

O modelo da experiência formativa é a dialética do trabalho social. Para Adorno, o problema aparece ao acompanhar a metamorfose dessa experiência no capitalismo tardio, onde aparentemente o trabalho social vivo desaparece frente a uma onipresença do capital, que se apresenta como subjetividade exclusiva. A indústria cultural impõe uma síntese pelo mercado, cria um sujeito social identificado a uma subjetividade socializada de modo heterônomo, que rompe a continuidade do processo formativo de um modo fortuito. Os bens culturais que alimentam as massas tornam dominante o momento de adaptação, enquadrando-se numa sociedade adaptada, e rompem a memória do que seria autônomo. Perdem a capacidade de se relacionar com o outro, com algo efetivamente exterior, permanecendo apenas a capacidade de se referir à representação que eles próprios fazem desse outro externo. A crítica imanente, pela qual se opõe a promessa ao que é realizado realmente, dissolve-se perante a impossibilidade de contato com uma realidade fora da sua representação no discurso oficial. O lado duplo da cultura, pelo qual ela também é cultura do espírito em sua independência crítica, como momento de resistência, se perde, permanecendo apenas o momento de adequação à dominação da natureza. A formação seria anulada pela integração, por ser imediatamente controlada. "A semiformação é o espírito tomado pelo caráter de fetiche da mercadoria", diria Adorno no ensaio *Teoria da semiformação*. A experiência formativa, caracterizada pela difícil mediação entre o condicionamento social, o momento de adaptação, e o sentido autônomo da subjetividade, o momento de resistência, rompe-se com Auschwitz, que simboliza a dominação do coletivo objetivado sobre o individual e do abstrato formal sobre o concreto empírico.

A perda da capacidade de fazer experiências formativas não é um problema imposto de fora à sociedade, acidental, e nem é provocado por intenções subjetivas, mas corresponde a uma tendência objetiva da sociedade, ao próprio modo de produzir-se e reproduzir-se dela. Assim, não se pode simplesmente postular uma educação para reavivar a aptidão à formação. "As possibilidades mais reais para isso, ou seja, os processos de trabalho, não solicitam mais as qualidades específicas para tanto", diria Adorno num dos textos a seguir. Rompe-se a relação entre objeto e sujeito vivo. Ou seja: mundo sensível e mundo intelectual já não se articulam mais no processo do trabalho, separando-se como trabalho manual e intelectual; portanto são travados também na experiência formativa, que não vem a termo, naufragando como "semiformação".

Ocorre uma objetivação apenas formal da razão, que, como ciência-técnica, como força produtiva, se interpõe entre o sujeito e a realidade, perdendo-se a capacidade de experimentar o objeto como algo que não é meramente objeto de dominação, impossibilitando confrontar a realidade com o seu conceito, pois ela se dissolve no seu próprio conceito. A crítica imanente está impossibilitada. Para Adorno, o capitalismo tardio joga a pá de cal na possibilidade vislumbrada desde Humboldt como a formação autêntica, uma reconciliação entre o homem e o mundo, em que aquele, ao se impor ao mundo, adquiria sua realidade, objetivando-se, enquanto o mundo, simultaneamente, se humanizaria pelo trabalho dos homens. Mas o que se observa é a imposição do homem a um mundo que não se humaniza. Recorrendo a Auschwitz, Adorno procura demonstrar a inviabilidade tendencial da formação pela socialização da semiformação; as dificuldades da formação da subjetividade autônoma pela via da educação e da cultura nos parâmetros da sociedade burguesa, sem o apoio de uma crítica objetiva da própria formação social. Não há sentido para a educação na sociedade burguesa senão o resultante da crítica e da resistência à sociedade vigente responsável pela desumanização. A educação crítica é tendencialmente subversiva. É preciso romper com a educação como mera apropriação de instrumental técnico e receituário para a eficiência, insistindo no aprendizado aberto à elaboração da história e ao contato com o outro não idêntico, o diferenciado.

Por sua vez, a recuperação da experiência formativa permitiria reconstruir um padrão para o que seria efetivamente "racional", sem o déficit emancipatório que a racionalidade instrumental impõe. Esta não seria simplesmente uma necessidade "intelectual", ou "cultural", mas corresponde a uma necessidade material, já que tem a ver com os rumos da barbarização que inexoravelmente progride na sociedade vigente. É uma questão de sobrevivência.

Auschwitz nada mais é do que a racionalização instrumental centralizada pelos meios bárbaros despertados por ela mesma. Uma identidade autorreferente, não produtiva porque baseada na fraqueza do eu para o tempo — na história — e para o espaço — na relação ao diferente. Assim, Auschwitz surge como alegoria do capital encantado com sua pretensa autossuficiência. Representa o sonho, que só pode ser sonhado como pesadelo, do capital sem trabalho vivo. Ou seja, é uma orientação que parece encantar cotidianamente na sociedade vigente, e não um delírio fora da realidade. Auschwitz aqui e agora.

No capitalismo tardio, a preservação das condições objetivas da experiência formativa no contato com o outro e na abertura à história — ao modo de um trabalho social alternativo — é a única possibilidade de evitar a repetição de Auschwitz.

Wolfgang Leo Maar

O que significa elaborar o passado?

A pergunta "O que significa elaborar o passado?" requer esclarecimentos. Ela foi formulada a partir de um chavão que ultimamente se tornou bastante suspeito. Nessa formulação, a elaboração do passado não significa elaborá-lo a sério, rompendo seu encanto por meio de uma consciência clara. Mas o que se pretende, ao contrário, é encerrar a questão do passado, se possível inclusive riscando-o da memória. O gesto de tudo esquecer e perdoar, privativo de quem sofreu a injustiça, acaba advindo dos partidários daqueles que praticaram a injustiça. Certa feita, num debate científico, escrevi que em casa de carrasco não se deve lembrar a forca para não provocar ressentimento. Porém, a tendência de relacionar a recusa da culpa, seja ela inconsciente ou nem tão inconsciente assim, de maneira tão absurda com a ideia da elaboração do passado, é motivo suficiente para provocar considerações relativas a um plano que ainda hoje provoca tanto horror que vacilamos até em nomeá-lo.

O desejo de libertar-se do passado justifica-se: não é possível viver à sua sombra, e o terror não tem fim quando culpa e violência precisam ser pagas com culpa e violência; e não se justifica porque o passado de que se quer escapar ainda permanece muito vivo. O nazismo sobrevive, e continuamos sem saber se o faz apenas como fantasma daquilo que foi tão monstruoso a ponto de não sucumbir à própria morte, ou se a disposição pelo indizível continua presente nos homens bem como nas condições que os cercam.

Não quero entrar na discussão a respeito das organizações neonazistas. Considero a sobrevivência do nacional-socialismo *na* democracia como potencialmente mais ameaçadora do que a sobrevivência de tendências fascistas contra a democracia. A corrosão por dentro representa algo objetivo; e as figuras ambíguas que efetivam o seu retorno só o fazem porque as condições lhes são favoráveis.

Que na Alemanha a falta de domínio do passado, já que essa é a questão, não se restringe ao âmbito dos chamados irrecuperáveis, isso é inquestionável. Sempre se remete ao chamado complexo de culpa, muitas vezes alegando que o mesmo na verdade apenas foi gerado pela construção de uma culpa coletiva dos alemães. Indiscutivelmente há muito de neurótico no que se refere ao passado: gestos de defesa onde não houve agressão; sentimentos profundos em situações que não os justificam; ausência de sentimentos em face de situações da maior gravidade; e não raro também a repressão do conhecido ou do semiconhecido. No experimento de grupo do Instituto de Pesquisa Social frequentemente verificamos que a lembrança da deportação e do genocídio se associava à escolha de expressões atenuantes ou de descrições eufemistas, ou configurava um espaço vazio do discurso; o uso consagrado e quase benevolente da versão da "noite de cristal" para designar o pogrom de novembro de 1938 confirma essa tendência. É muito grande o número daqueles que pretendiam, na ocasião, não ter tido conhecimento dos acontecimentos que sucediam, embora por toda parte os judeus tenham desaparecido, e embora seja pouco provável que aqueles que viram o que acontecia no Leste tenham silenciado acerca do que deve ter sido um fardo insuportável. É razoável supor que existe uma proporção entre o gesto de não-ter-sabido-de-nada e uma indiferença ao menos embrutecida e amedrontada. O certo é que os decididos adversários do nazismo cedo souberam com bastante precisão o que acontecia.

Todos conhecemos a disposição atual em negar ou minimizar o ocorrido — por mais difícil que seja compreender que existem pessoas que não se envergonham de usar um argumento como o de que teriam sido assassinados apenas cinco milhões de judeus, e não seis. Além disso, também é irracional a contabilidade da culpa, como se as mortes de Dresden compensassem as de Auschwitz. Na contabilização de tais cálculos, na pressa de ser dispensado de uma conscientização recorrendo a contra-argumentos, reside de antemão algo de desumano, e ações bélicas de combate, cujo modelo além disso chamavam-se de Coventry e Rotterdam, são muito pouco comparáveis ao assassinato administrativo de milhões de pessoas inocentes. Mas também essa inocência, a mais simples e plausível, é negada. A desmesura do mal praticado acaba sendo uma justificativa para o mesmo: a consciência irresoluta consola-se argumentando que fatos dessa gravidade só poderiam ter ocorrido porque as vítimas deram motivos quaisquer para tanto, e este vago "motivos quaisquer" pode assumir qualquer dimensão possível. O deslumbramento se impõe por sobre o equívoco gritante existente na relação entre uma culpa altamente fictícia e um castigo altamente real. Às vezes os vencedores são convertidos em responsáveis por aquilo que os vencidos praticaram quando eles próprios ainda se encontravam por cima, e os crimes de Hitler seriam de responsabilidade daqueles que teriam tolerado seu assalto ao poder, e não daqueles que o apoiaram. A idiotice de tudo isso constitui efetivamente sinal de algo que não foi trabalhado psiquicamente, de uma ferida, embora a ideia de ferida coubesse muito mais em relação às vítimas.

Em tudo isso, entretanto, o discurso do complexo de culpa contém algo de irreal. Na psiquiatria, de onde se originou, ele significa que o sentimento de culpa é doentio, inapropriado à realidade, ou, como dizem os analistas, psicogênico. Graças ao termo complexo cria-se a impressão de que a culpa — cujo sentimento tantas pessoas recusam, procuram absorver ou deformar mediante as racionalizações mais imbecis — na verdade não seria uma culpa, mas estaria somente na constituição anímica das pessoas: o terrível passado real é convertido em algo inocente que existe meramente na imaginação daqueles que se sentem afetados dessa forma. Ou então a própria culpa seria ela mesma apenas um complexo, e seria doentio ocupar-se do passado, enquanto o homem realista e sadio se ocupa do presente e de suas metas práticas? Essa seria a moral daquele "é tal como se não tivesse ocorrido", uma frase de Goethe mas que, pronunciada numa passagem decisiva do *Fausto* por Mefisto, revela o princípio interno mais profundo deste, a destruição da memória. Haveria que subtrair aos assassinados a única coisa que nossa impotência pode lhes oferecer, a lembrança. Mas essa mentalidade obstinada dos que nada querem ouvir a respeito deste assunto encontra-se em conformidade com uma vigorosa tendência histórica. Hermann Heimpel repetidamente falou de um desaparecimento da consciência da continuidade histórica na Alemanha, um sintoma daquela fraqueza social do eu que Horkheimer e eu já procuráramos derivar na *Dialética do esclarecimento*. Constatações empíricas, como, por exemplo, a de que a geração jovem muitas vezes desconhece quem foram Bismarck ou o imperador Guilherme I, da Alemanha, confirmam essa perda da história.

Contudo, esse processo, que se tornou flagrante na Alemanha somente após a Segunda Guerra Mundial, coincide com a estranheza da consciência americana em relação à história, que se tornou conhecida desde o *"History is bunk"* [A história é uma charlatanice], de Henry Ford, a imagem terrível de uma humanidade sem memória. Não se trata meramente de um produto da decadência, da forma de reagir de uma humanidade sobrecarregada de estímulos e que não consegue mais dar conta dos mesmos, como se costuma dizer, mas refere-se a algo vinculado necessariamente à progressividade dos princípios burgueses. A sociedade burguesa encontra-se subordinada de um modo universal à lei da troca, do "igual por igual" de cálculos que, por darem certo, não deixam resto nenhum. Conforme sua própria essência, a troca é atemporal, tal como a própria razão, assim como, de acordo com sua forma pura, as operações da matemática excluem o momento temporal. Nesses termos, o tempo concreto também desapareceria da produção industrial. Esta procede sempre em ciclos idênticos e pulsativos, potencialmente de mesma duração, e praticamente não necessita mais da experiência acumulada. Economistas e sociólogos como Werner Sombart e Max Weber atribuíram o princípio do tradicionalismo às formas sociais feudais, e o princípio da racionalidade às formas burguesas. O que é o mesmo que dizer que a memória, o tempo e a lembrança são liquidados pela própria sociedade burguesa em seu desenvolvimento, como se fossem uma espécie de resto irracional, do mesmo modo como a racionalização progressiva dos procedimentos da produção industrial elimina junto aos outros restos da atividade artesanal também categorias como a da aprendizagem, ou seja, do tempo de aquisição da experiência no ofício. Quando a humanidade se aliena da memória, esgotando-se sem fôlego na adaptação ao existente, nisto reflete-se uma lei objetiva de desenvolvimento.[1]

Nessa medida, o esquecimento do nazismo pode ser explicado muito mais a partir da situação social geral do que a partir da psicopatologia. Até mesmo os mecanismos psicológicos que operam na recusa de lembranças desagradáveis e inescrupulosas servem a objetivos extremamente realistas. Os próprios agentes da recusa os acabam revelando, quando, munidos de sentido prático, afirmam que a lembrança demasiadamente concreta e incisiva do passado poderia prejudicar a imagem da Alemanha no exterior. Um tal ímpeto dificilmente rima com as assertivas de Richard Wagner, afinal suficientemente nacionalista, para quem ser alemão significava fazer alguma coisa por motivos imanentes à própria coisa — desde que a coisa não esteja *a priori* determinada como sendo um negócio. Apagar a memória seria muito mais um resultado da consciência vigilante do que resultado da fraqueza da consciência frente à superioridade de processos inconscientes. Junto ao esquecimento do que mal acabou de acontecer ressoa a raiva pelo fato de que, como todos sabem, antes de convencer os outros é preciso convencer a si próprio.

Por certo as motivações e os comportamentos assumidos não são diretamente racionais, na medida em que deturpam os fatos a que se referem. Porém, eles são racionais no sentido em que se apoiam em tendências sociais, e que quem reage deste modo se sabe identificado ao espírito da época. O progresso individual de quem reage nesses termos é favorecido de imediato. Quem não se ocupa com pensamentos inúteis não joga areia na engrenagem. Recomenda-se falar nos termos que Franz Böhm caracterizou com muita propriedade como a "opinião não pública". Os adeptos de um clima mantido nos limites dos tabus oficiais e, por isso mesmo, um clima mais virulento, classificam a si próprios como simultaneamente independentes e partidários. Afinal, o movimento alemão de resistência ao nazismo permaneceu sem uma base de massas, base que dificilmente seria gerada com a derrota, como se fosse por um toque de mágica. É razoável supor que a democracia tenha raízes mais profundas do que após a Primeira Guerra Mundial: pela politização das massas e contrariamente à sua própria intenção, o nacional-sodalismo antifeudal e estritamente burguês num certo sentido até mesmo se adiantou à democracia. Tanto a casta dos "Junkers" como o movimento operário radical despareceram; pela primeira vez produziu-se algo próximo a uma situação burguesa homogênea. Porém, o atraso na introdução da democracia na Alemanha, que não coincidiu com o liberalismo econômico pleno, além do fato de ser pelas mãos dos vencedores que se acabaria introduzindo a democracia, dificilmente deixaria de afetar as relações desta para com o povo. Raramente isso é confessado, seja porque entrementes a situação sob a democracia é muito boa, seja porque prejudicaria a comunidade de interesses institucionalizados com os aliados políticos ocidentais, sobretudo os Estados Unidos. Contudo, o ressentimento contra a reeducação é bastante visível. Nessa medida é possível afirmar que o sistema da democracia política é aceito na Alemanha nos termos do que nos Estados Unidos é denominado *a working proposition* [uma proposta que funciona], e que até agora possibilitou ou até mesmo promoveu a prosperidade. Mas a democracia não se estabeleceu a ponto de constar da experiência das pessoas como se fosse um assunto próprio delas, de modo que elas compreendessem a si mesmas como sendo sujeitos dos processos políticos. Ela é apreendida como sendo um sistema entre outros, como se num cardápio escolhêssemos entre comunismo, democracia, fascismo ou monarquia; ela não é apreendida como identificando-se ao próprio povo, como expressão de sua emancipação. Ela é avaliada conforme o sucesso ou o insucesso, de que participam também os interesses individuais, mas não como sendo a unidade entre os interesses individuais e o interesse geral; e, de fato, a delegação parlamentar da vontade popular torna essa muitas vezes uma questão difícil nos modernos Estados de massa. Na Alemanha, ouviremos com frequência dos próprios alemães a estranha afirmativa de que eles ainda não estão maduros para a democracia. A própria falta de emancipação é convertida em ideologia, tal como o faz a juventude que, surpreendida em qualquer ato de violência, procura se livrar apelando à sua condição de *teenager* (adolescente). O grotesco numa tal argumentação revela uma flagrante contradição na consciência. As pessoas que nestes termos procuram demonstrar com franqueza a sua própria ingenuidade e imaturidade política sentem-se, por um lado, como sendo sujeitos políticos, aos quais caberia determinar seu próprio destino bem como organizar a sociedade. Mas deparam-se, por outro lado, com as sólidas barreiras impostas pelas condições vigentes. Como não podem romper essas barreiras mediante o pensamento, acabam atribuindo a si mesmos, ou aos adultos, ou aos outros, essa impossibilidade real que lhes é imposta. Eles mesmos terminam por se dividir mais uma vez em sujeito e objeto. De qualquer modo, a ideologia dominante hoje em dia define que, quanto mais as pessoas estiverem submetidas a contextos objetivos em relação aos quais são impotentes, ou acreditam ser impotentes, tanto mais elas tornarão subjetiva essa impotência. Conforme o ditado de que tudo depende unicamente das pessoas, atribuem às pessoas tudo o que depende das condições objetivas, de tal modo que as condições existentes permanecem intocadas. Na linguagem da filosofia poderíamos dizer que na estranheza do povo em relação à democracia se reflete a alienação da sociedade em relação a si mesma.

No referido âmbito das relações objetivas, a mais aparente talvez seja o desenvolvimento da política internacional. Ela parece justificar retrospectivamente a invasão da União Soviética por Hitler. Na medida em que o mundo ocidental se configura como unidade essencialmente por meio da defesa contra a ameaça russa, os vitoriosos de 1945 teriam destruído a barreira contra o bolchevismo apenas por tolice, reconstruindo-a poucos anos depois. E só uns poucos passos separam o "Hitler bem que avisou" da extrapolação de que ele também tinha razão em outros assuntos. Somente aos edificantes pregadores dominicais passaria despercebida a fatalidade histórica pela qual a concepção que outrora levou Chamberlain e seus seguidores a tolerar Hitler como um algoz do Leste, sobreviveu num certo sentido ao próprio desaparecimento de Hitler. Trata-se efetivamente de uma fatalidade. Pois é visível a ameaça do Leste de engolfar o anteplano dos maciços orientais da Europa. Quem não lhe impõe resistência torna-se literalmente culpado de uma repetição do *appeasement* [conciliação] de Chamberlain. Esquecem apenas — apenas! — que essa ameaça foi desencadeada justamente a partir da ação de Hitler, que impôs à Europa exatamente aquilo que, conforme a intenção dos conciliadores, ele deveria evitar com a sua guerra expansionista. Mais ainda do que o destino individual, o destino dos vínculos políticos constitui uma relação de culpa. A resistência frente ao Leste contém em si mesma uma dinâmica que revigora o que se passou na Alemanha. E não só ideologicamente, porque o discurso da luta contra o bolchevismo desde sempre serviu de fachada para aqueles que não são melhores adeptos da liberdade do que o próprio bolchevismo. Mas também no plano real. De acordo com uma observação que remonta ao período de Hitler, o potencial organizatório dos sistemas totalitários impõe aos seus adversários uma parte de seu próprio ser. Enquanto perdurar o desnível econômico entre o Leste e o Ocidente, o modo de atuação fascista tem mais chances com as massas do que a propaganda do

Leste, ao mesmo tempo que, além disso, não nos encontramos impelidos à *ultima ratio* do fascismo. Mas são os mesmos tipos de pessoas que são sensíveis a ambas as formas de totalitarismo. A construção de uma interpretação a partir de uma determinada ideologia político-econômica levou a um juízo equivocado das personalidades autoritárias; nem mesmo em termos sociopsicológicos foram casuais as conhecidas oscilações de milhões de eleitores entre os partidos nazista e comunista anteriormente a 1933. Pesquisas feitas nos Estados Unidos revelaram que essa estrutura da personalidade não se relaciona tanto assim com critérios econômico-políticos. Ela seria definida muito mais por traços como pensar conforme as dimensões de poder — impotência, paralisia e incapacidade de reagir, comportamento convencional, conformismo, ausência de autorreflexão, enfim, ausência de aptidão à experiência. Personalidades com tendências autoritárias identificam-se ao poder enquanto tal, independentemente de seu conteúdo. No fundo dispõem só de um eu fraco, necessitando, para se compensarem, da identificação com grandes coletivos e da cobertura proporcionada por eles. O fato de por toda parte reencontrarmos figuras caricatas como as representadas nos filmes sobre meninos prodígios, isso não depende nem da perversidade do mundo como tal, nem de peculiaridades do caráter nacional alemão, mas sim da identidade daqueles conformistas, que possuem de antemão um vínculo com os instrumentos de qualquer estrutura de exercício do poder, com os seguidores potenciais do totalitarismo. Além do mais, é ilusório imaginar que o regime nazista nada tenha significado além de pavor e sofrimento, embora tenha também este significado inclusive para muitos de seus próprios adeptos. Muitos viveram muito bem sob o fascismo. O terror só se abateu sobre um pequeno número de grupos relativamente bem definidos. Após as experiências da guerra antes da era hitlerista, a impressão dominante era a de que "havia providências", e não apenas em termos ideológicos como no caso de viagens de férias e vasos de flores nos galpões industriais. Em comparação ao *laissez-faire*, o mundo hitlerista efetivamente protegia seus adeptos frente às catástrofes naturais da sociedade, que se abatiam sobre as pessoas. De um modo autoritário estabeleceu-se a prioridade do controle das crises, um experimento bárbaro de direção estatal da sociedade industrial. A tão lembrada integração, o adensamento organizatório da rede social que tudo abrangia, propiciava inclusive proteção em face do medo geral de ficar de fora e submergir. Para um número incontável de pessoas, a frieza do seu estado de alienação parecia eliminada pelo calor do estar em comunidade, por mais manipulada e imposta que fosse essa situação; a comunidade popular dos não iguais e dos não livres, como mentira que era, também era simultaneamente a realização de um sonho burguês antigo, embora desde sempre perverso. É claro que o sistema que oferecia tais gratificações continha em si o potencial da própria destruição. O florescimento econômico do Terceiro Reich repousava em grande parte sobre o armamentismo militarista para a guerra que traria a catástrofe. Porém, aquela memória debilitada a que me referia recusa-se em grande medida a aceitar uma tal argumentação. Ela deturpa obstinadamente a época nazista, em que se realizam as fantasias coletivas de poder daqueles que, como indivíduos, eram impotentes e só se imaginavam sendo alguma coisa enquanto constituíam um tal poder coletivo. Nenhuma análise, por mais evidente que seja, pode posteriormente eliminar a realidade dessa satisfação, bem como a energia dos impulsos instintivos que foi investida nela. Até mesmo o jogo de tudo ou nada de Hitler não era tão irracional como parecia na época à razão liberal mediana ou parece hoje nos termos da retrospectiva histórica da derrota.

O cálculo de Hitler, de aproveitar ao máximo frente aos outros Estados a vantagem temporal de uma impressionante preparação militar, não era tolo nos termos do que ele pretendia. Quando examinamos a história do Terceiro Reich e sobretudo a da guerra, os momentos isolados em que Hitler era derrotado sempre parecerão acidentais, e somente o curso da guerra como um todo parecerá como sendo necessário, curso em que finalmente se imporia o potencial técnico-econômico superior do restante do mundo, que não queria ser engolido — num certo sentido uma necessidade estatística e de modo algum uma lógica gradual passível de ser conhecida. A simpatia que sobrevive em relação ao nacional-socialismo nem precisa recorrer a muitos sofismas para convencer a si mesma e aos outros de que tudo poderia ter ocorrido também de modo diferente, porque afinal o que aconteceu seria devido aos erros cometidos, sendo a queda de Hitler um acidente da história mundial que possivelmente o espírito do mundo ainda iria corrigir.

No referente ao lado subjetivo, ao lado psíquico das pessoas, o nazismo insuflou desmesuradamente o narcisismo coletivo, ou, para falar simplesmente: o orgulho nacional. Os impulsos narcisistas dos indivíduos, aos quais o mundo endurecido prometia cada vez menos satisfação e que mesmo assim continuavam existindo ao mesmo tempo que a civilização lhes oferecia tão pouco, encontraram uma satisfação substitutiva na identificação com o todo. Esse narcisismo coletivo foi gravemente danificado pela derrocada do regime nazista. Esses danos ocorreram no âmbito do meramente factual, sem que os indivíduos tenham se dado conta deles para poderem assim elaborá-los. Esse é o sentido sociopsicológico correspondente ao discurso acerca do passado não dominado. Faltou inclusive aquele pânico que, de acordo com a teoria freudiana em *Psicologia das massas e análise do eu*, se instala quando as identificações coletivas se esfacelam. Se atentarmos às indicações do grande psicólogo, isso permite apenas uma conclusão: que, no fundo, avolumando-se inconscientemente e por isso particularmente poderosas, aquelas identificações e o narcisismo coletivo não chegaram a ser destruídos, mas permanecem existindo. A derrota foi tão pouco ratificada internamente pelas pessoas como já havia ocorrido após 1918. Até mesmo em face da evidência da catástrofe iminente, o coletivo integrado por Hitler se manteve unido agarrando-se a esperanças quiméricas como a das armas secretas, que na verdade eram dos adversários. Em termos sociopsicológicos haveria que vincular a isso a expectativa de que o narcisismo coletivo danificado está à espreita esperando ser sanado, primeiro procurando agarrar tudo o que se encontra na consciência e que faça o passado coincidir com os desejos narcisistas, e a seguir procurando modificar a realidade de modo que os danos sejam ocultos. Até um certo ponto, a prosperidade econômica, a consciência da própria eficiência, preencheu essa meta. Entretanto duvido que o chamado milagre econômico, de que todos participam mas em relação ao qual todos têm críticas, possa ter a profundidade sociopsicológica que se imagina em tempos de relativa estabilidade. Precisamente porque a fome perdura em continentes inteiros, embora pudesse ser abolida no que dependesse das condições técnicas para tanto, justamente por isso ninguém consegue ser realmente feliz com a prosperidade. Nos mesmos termos em que individualmente rimos invejosos quando assistimos, por exemplo, a algum filme em que alguém se deleita à mesa com o guardanapo preso à camisa, assim também a humanidade não se permite uma satisfação visivelmente paga às custas da miséria da maioria; o ressentimento afeta qualquer bom êxito, até mesmo a felicidade própria de cada um. Estar saciado tornou-se *a priori* um palavrão, embora o mal que há em relação à saciedade é que existe quem não tem o que comer; o suposto idealismo que critica de modo tão farisaico o suposto materialismo na Alemanha atual deve muito do que considera ser a sua profundidade apenas a instintos oprimidos. O ódio ao bem-estar revela na Alemanha o mal-estar com a prosperidade, e para esse mal-estar o passado é deturpado como tragédia. Mas esse mal-estar, por sua vez, não se origina de fontes obscuras, e sim de fontes muito racionais. A riqueza é conjuntural, ninguém confia em sua perpetuação indefinida. Quando recorremos ao consolo de que acontecimentos como o da sexta-feira negra de 1929 e a crise econômica com ela relacionada teriam poucas chances de se repetir, nisso há implícita a confiança em um poder estatal forte, de que se aguarda proteção inclusive quando a liberdade econômica e política não funciona. Em meio à prosperidade, até mesmo em período de pleno emprego e crise de oferta de força de trabalho, no fundo provavelmente a maioria das pessoas se sente como um desempregado potencial, um destinatário futuro da caridade, e dessa forma como sendo um objeto, e não um sujeito da sociedade: este é o motivo muito legítimo e racional de seu mal-estar. É evidente que, no momento oportuno, isso pode ser represado regressivamente e deturpado para renovar a desgraça.

Não há nenhuma dúvida que o ideal fascista atual funde-se com o nacionalismo dos chamados países subdesenvolvidos, agora denominados países em desenvolvimento. Já durante a Segunda Guerra existia nas palavras de ordem das plutocracias ocidentais e das nações proletárias uma concordância com aqueles que se sentiam prejudicados na concorrência imperialista e procuravam a sua vez de sentar à mesa. É difícil saber se e em que medida essa tendência já desembocou no fluxo anticivilizatório e antiocidental da tradição alemã; se também na Alemanha se configura uma convergência entre o nacionalismo fascista e o nacionalismo comunista. Hoje em dia o nacionalismo é ao mesmo tempo ultrapassado e atual. Ultrapassado porque, em face da reunião obrigatória das nações em grandes blocos sob a hegemonia dos mais poderosos, tal como imposto até mesmo pelo desenvolvimento técnico do armamento, o Estado nacional soberano perdeu sua substância histórica, ao menos na Europa continental desenvolvida. A própria ideia de nação, em que outrora se reuniu a unidade econômica dos interesses dos cidadãos livres e independentes face às barreiras territoriais do feudalismo, converteu-se ela mesma em obstáculo para o evidente potencial da sociedade em conjunto. Mas o nacionalismo é atual na medida em que somente a ideia transmitida e psicologicamente enriquecida de nação, que permanece sendo a expressão de uma comunidade de interesses na economia internacional, tem força para mobilizar centenas de milhões de pessoas para objetivos que não são imediatamente os seus. O nacionalismo está descrente em relação a si mesmo e, apesar disso, é necessário como sendo o meio mais eficaz para levar os homens à insistência em situações objetivamente ultrapassadas. Por isso ele assume hoje estes traços caricatos como algo não inteiramente apropriado, propositalmente obnubilado. É bem certo que esses traços nunca estiveram totalmente ausentes dessa herança das bárbaras constituições tribais primitivas, mas eles estiveram sob controle enquanto o liberalismo confirmava o direito dos indivíduos como condição real da prosperidade coletiva. O nacionalismo só se tornou sádico e destrutivo numa época em que se exacerbou. O ódio do mundo hitlerista contra tudo que era diferente, o nacionalismo como sistema paranoico, foi algo desse tipo; o poder de atração de traços dessa ordem dificilmente diminuiu. A paranoia, o delírio persecutório, que persegue os outros sobre os quais projeta as suas próprias intenções, é contagioso. Delírios coletivos, como o antissemitismo, confirmam a patologia daquele indivíduo que revela não encontrar-se psiquicamente à altura do mundo e se refugia num fantasioso reino interior. Esses delírios podem até dispensar o indivíduo semienlouquecido da necessidade de enlouquecer por completo, conforme a tese do psicanalista Ernst Simmel. Por mais claramente que o delírio do nacionalismo se apresente no medo racional de novas catástrofes, ele acaba promovendo a sua própria expansão. O delírio é um substituto do sonho de uma humanidade que torna o mundo humano, sonho que o próprio mundo sufoca com obstinação na humanidade. Mas ao *pathos* nacionalista se junta tudo o que ocorreu entre 1933 e 1945.

A sobrevivência do fascismo e o insucesso da tão falada elaboração do passado, hoje desvirtuada em sua caricatura como esquecimento vazio e frio, devem-se à persistência dos pressupostos sociais objetivos que geram o fascismo. Este não pode ser produzido meramente a partir de disposições subjetivas. A ordem econômica e, seguindo seu modelo, em grande parte também a organização econômica, continuam obrigando a maioria das pessoas a depender de situações dadas em relação às quais são impotentes, bem como a se manter numa situação de não emancipação. Se as pessoas querem viver, nada lhes resta senão se adaptar à situação existente, se conformar; precisam abrir mão daquela subjetividade autônoma a que remete a ideia de democracia; conseguem sobreviver apenas na medida em que abdicam seu próprio eu. Desvendar as teias do deslumbramento implicaria um doloroso esforço de conhecimento que é travado pela própria situação da vida, com destaque para a indústria cultural intumescida como totalidade. A necessidade de uma tal adaptação, da identificação com o existente, com o dado, com o poder enquanto tal, gera o potencial totalitário. Este é reforçado pela insatisfação e pelo ódio, produzidos e reproduzidos pela própria imposição à adaptação. Justamente porque a realidade não cumpre a promessa de autonomia, enfim, a promessa de felicidade que o conceito de democracia afinal assegurara, as pessoas tornam-se indiferentes frente à democracia, quando não passam até a odiá-la. A forma de organização política é experimentada como sendo inadequada à realidade social e econômica; assim como existe a obrigação individual à adaptação, pretende-se que haja também, obrigatoriamente, uma adaptação das formas de vida coletiva, tanto mais quando se aguarda de uma tal adaptação um balizamento do Estado como megaempresa na aguerrida competição de todos. Os que permanecem impotentes não conseguem suportar uma situação melhor sequer como mera ilusão; preferem livrar-se do compromisso com uma autonomia em cujos termos suspeitam não poder viver, atirando-se no cadinho do eu coletivo.

Exagerei nos aspectos sombrios, conforme aquela máxima segundo a qual hoje em dia somente o exagero consegue veicular a verdade. Peço que não compreendam mal minhas considerações fragmentárias e frequentemente rapsódicas, como se fossem um catastrofismo à maneira de Spengler, o autor de *O ocaso do Ocidente*: a análise deste fazia ela própria o jogo da desgraça. Contudo, a minha intenção foi atentar para uma tendência oculta pela fachada limpa do cotidiano, antes que ela se imponha por sobre as barreiras institucionais que até o momento a mantém sob controle. O perigo é objetivo; e não se localiza em primeira instância nas pessoas. Há muitas indicações de que a democracia e tudo o que ela implica estabelecem vínculos mais profundos com as pessoas do que ocorreu na época da República de Weimar. Na medida em que ressaltei o que não aparecia, não dei a atenção devida ao que não pode passar despercebido à reflexão: a constatação de que na democracia alemã de 1945 até hoje a vida material se reproduziu de um modo mais próspero do que jamais aconteceu antes, fato que é relevante inclusive por um prisma sociopsicológico. Não seria excessivamente otimista afirmar que a democracia alemã não vai mal, nem vai mal também a elaboração efetiva do passado, desde que se lhe garanta tempo e muitas outras coisas. Só que existe no conceito de ter tempo algo de ingênuo e contemplativo no mau sentido. Nem nós somos meros espectadores da história do mundo transitando mais ou menos imunes em seu âmbito, e nem a própria história do mundo, cujo ritmo frequentemente assemelha-se ao catastrófico, parece possibilitar aos seus sujeitos o tempo necessário para que tudo melhore por si mesmo. Isso remete diretamente à pedagogia democrática. Sobretudo o esclarecimento acerca do que aconteceu precisa contrapor-se a um esquecimento que facilmente converge em uma justificativa do esquecimento, seja por parte de pais que enfrentam a desagradável pergunta acerca de Hitler por parte de seus filhos e que, inclusive para se inocentar, remetem ao lado bom e que propriamente não foi tão terrível assim. É moda na Alemanha falar mal da educação política, que certamente poderia ser melhorada, porém existem dados da sociologia da educação indicando que, onde a educação política é levada a sério e não como simples obrigação inoportuna, ela provoca um bem maior do que normalmente se supõe. Se avaliarmos o potencial objetivo de sobrevivência do nazismo com a gravidade que lhe atribuo, então isso significará inclusive uma limitação da pedagogia do esclarecimento. Quer seja ela psicológica ou sociológica, na prática só atingirá os que se revelarem abertos a ela, que são justamente aqueles que se fecham ao fascismo. Entretanto, nunca é demais utilizar o esclarecimento para reforçar ainda mais este grupo contra a opinião não pública. Poderíamos imaginar inclusive que deste grupo surjam quadros de liderança cuja atuação nos diferentes planos acabe atingindo o todo, e as chances para uma tal atuação são tanto mais favoráveis quanto mais conscientes forem eles próprios? Obviamente o esclarecimento não se restringirá a esses grupos. Vou me abster de considerações acerca da questão difícil e de muita responsabilidade relativa à dimensão em que é apropriado referir-se ao passado em experiências de esclarecimento público, se uma insistência neste sentido não provocaria uma resistência obstinada, produzindo justamente o contrário do que se pretendia. Contudo, penso, ao contrário, que o consciente jamais se relaciona à infelicidade nos mesmos termos em que isso ocorre com o semiconsciente e o pré-consciente. No fundo, tudo dependerá do modo pelo qual o passado será referido no presente; se permanecemos no simples remorso ou se resistimos ao horror com base na força de compreender até mesmo o incompreensível. Naturalmente, para isso será necessária uma educação dos educadores. Esta sofre gravemente pelo fato de o que se chama de *behavioural sciences* [ciências do comportamento] por ora não serem, ou serem muito pouco, representadas na Alemanha. Seria urgente fortalecer nas universidades uma sociologia vinculada à pesquisa histórica de nossa própria época. Em vez de se resumir a palavrório melancólico de segunda mão sobre o ser dos homens, a pedagogia deveria assumir a tarefa cujo tratamento insuficiente se critica com tanta insistência na *reeducation* [reeducação]. Na Alemanha a criminologia nem de longe atingiu o seu nível moderno. Mas é preciso pensar principalmente na psicanálise, que permanece reprimida. Ela, ou se encontra completamente ausente, ou foi substituída por orientações que, enquanto se vangloriam de superar o malfadado século XIX, na verdade regridem para aquém da teoria de Freud, possivelmente a deturpando em seu contrário.

O saber preciso e incisivo da psicanálise é mais atual do que nunca. O ódio em relação a ela se identifica diretamente ao antissemitismo, e não simplesmente porque Freud era judeu, mas porque a psicanálise consiste exatamente naquela autoconsciência crítica que enfurece os antissemitas. Em que pesem as dificuldades, nem que sejam apenas de tempo, em realizar uma espécie de análise de massas, e supondo que a psicanálise rigorosa dispusesse de um lugar institucional, sua influência sobre o clima espiritual na Alemanha seria muito salutar, mesmo que se resumisse a tornar natural a atitude de não exteriorizar a violência, mas refletir sobre si mesmo e sobre a relação com os outros que costumam ser os destinatários dessa violência. De qualquer modo, tentativas de se opor subjetivamente ao potencial objetivo fatal não são satisfeitas com considerações que pouco afetariam a gravidade do que precisa ser confrontado. Assim, por exemplo, indicações acerca das grandes realizações dos judeus no passado, por mais verdadeiras que sejam, são de pouca serventia porque lembram propaganda. E a propaganda, a manipulação racional do irracional, constitui um privilégio dos totalitários. Os que se opõem a eles não deveriam imitá-los de um modo que apenas se voltará contra eles próprios. Panegíricos aos judeus que os caracterizam como grupo terminam por servir ao antissemitismo. É tão difícil criticar o antissemitismo justamente porque a economia psíquica de muitas pessoas precisou dele e possivelmente ainda precisa. Tudo o que acontece pela via da propaganda permanece ambíguo. Contaram-me a história de uma mulher que, após assistir a uma dramatização do *Diário de Anne Frank*, declarou: "Bem, poderiam ao menos ter poupado *esta* menina." E certamente até mesmo essa foi uma declaração positiva, enquanto primeiro passo em direção à tomada de consciência. Porém, o caso individual, cuja função era servir de exemplo do todo, converteu-se por meio de sua própria individuação em um álibi do todo, todo que acabou sendo esquecido por aquela mulher. O complicado em observações como essa é que elas sequer nos devem induzir a não recomendar a exibição de peças como essa sobre Anne Frank, porque afinal elas acabam gerando uma influência positiva, por mais que critiquemos o dano que provocariam à dignidade dos mortos. Também não acredito que aproximações comunitárias sejam muito produtivas, encontros entre jovens alemães e jovens israelitas e outras manifestações de amizade, por mais louváveis que continuem sendo tais iniciativas. Elas partem do pressuposto de que o antissemitismo tenha em sua essência algo a ver com judeus, podendo assim ser combatido por meio de experiências concretas com judeus, quando, ao contrário, o verdadeiro antissemita é definido pela completa incapacidade de fazer experiências, por ser inteiramente inacessível. Se o antissemitismo existe primariamente em bases sociais e objetivas, e a seguir nos antissemitas, então haveria sentido na piada nazista de que, se os judeus não existissem, os antissemitas teriam que inventá-los. Na medida em que se queira combater o antissemitismo nos sujeitos, não se deveria esperar muito de atitudes envolvendo fatos que são rejeitados por eles ou então neutralizados como sendo simples exceções. Em vez disso, a argumentação deveria se voltar para os sujeitos que são os interlocutores. Seria preciso tornar conscientes neles os mecanismos que provocam neles próprios o preconceito racial. A elaboração do passado como esclarecimento é essencialmente uma tal inflexão em direção ao sujeito, reforçando a sua autoconsciência e, por essa via, também o seu eu. Ela deveria ser concomitante ao conhecimento daqueles inevitáveis truques de propaganda que atingem de maneira certeira aquelas disposições psicológicas cuja existência precisamos pressupor nas pessoas. Como se trata de truques determinados e em número limitado, não é muito difícil mantê-los à disposição, utilizando-os numa espécie de vacinação preventiva. Provavelmente apenas uma atuação conjunta daqueles pedagogos e psicólogos que não se esquivam da mais prioritária das tarefas profissionais em nome da objetividade científica poderia solucionar o problema da realização prática de um tal esclarecimento subjetivo. Contudo, em face da violência objetiva existente por trás desse potencial sobrevivente, o esclarecimento subjetivo não será suficiente mesmo que seja enfrentado em termos diferenciados de energia e profundidade. Se quisermos contrapor objetivamente algo ao perigo objetivo, não bastará lançar mão de uma simples ideia, ainda que seja a ideia da liberdade ou da humanidade, cuja conformação abstrata, como vimos, não significa grande coisa para as pessoas. Se o potencial fascista se apoia em seus interesses, por mais limitados que sejam, então o antídoto mais eficaz, porque evidente em sua verdade, permanece sendo o de atentar aos interesses das pessoas, sobretudo os mais imediatos. Seríamos efetivamente acusados de psicologismo delirante caso não considerássemos em tais oportunidades que, embora a guerra e o sofrimento que trouxe ao povo alemão não tenham sido suficientes para evitar aquele potencial fascista, certamente são importantes para se contrapor a ele. Lembremos às pessoas o mais simples: que o revigoramento direto ou indireto do fascismo representa sofrimento e miséria num regime autoritário, e, em última análise, provavelmente a hegemonia russa sobre a Europa; resumindo, que dessa forma se instalaria uma política catastrófica. Isso surtirá mais efeito do que atentar a ideais ou então remeter ao sofrimento dos outros, o que já La Rochefoucauld sabia ser facilmente superado. Em face dessa perspectiva, o mal-estar do presente representa pouco mais do que o luxo de um estado de ânimo. Entretanto, apesar de toda repressão psicológica, Stalingrado e os bombardeios noturnos não foram esquecidos a ponto de impossibilitar a compreensão de todos acerca da relação que existe entre uma política igual à que levou àquela situação e a perspectiva de uma terceira guerra púnica. Mas, mesmo acontecendo isso, o perigo permanece. O passado só estará plenamente elaborado no instante em que estiverem eliminadas as causas do que passou. O encantamento do passado pôde manter-se até hoje unicamente porque continuam existindo as suas causas.

NOTA

1. Essa frase consta da conferência original. Falta no texto impresso de 1963.

A filosofia e os professores

Meu objetivo é falar a respeito da prova geral de filosofia dos concursos para a docência em ciências nas escolas superiores do estado de Hessen, Alemanha. O que constato há onze anos nessas provas deixa-me apreensivo em relação a sua finalidade, no que diz respeito a uma incompreensão de seu sentido. Além disso, refleti acerca da mentalidade dos examinandos. Creio que consigo sentir o mal-estar deles em relação à prova; alguns duvidam de seu sentido. Penso na necessidade de falar acerca do assunto porque o resultado da prova depende ele próprio muitas vezes das situações com que me deparei e, de que nem sempre o candidato tem consciência. É incorreta a postura de um examinador que não procura ajudar a fundo aqueles que deve avaliar, mesmo que sua ajuda não seja tão inocente assim. Assumo a responsabilidade por minhas palavras sozinho, mas muitos de meus colegas concordarão comigo; e sei que especialmente Horkheimer partilha as minhas conclusões. Contudo certamente haverá muitos candidatos para quem meus temores são injustificados. Em geral trata-se daqueles dotados por si próprios de um certo interesse pela filosofia, que frequentemente adquiriram uma relação genuína com a filosofia como participantes de nossos seminários. Mas também fora desse contexto não faltam estudantes dotados de horizonte e sensibilidade intelectual. Como pessoas cultas que são, já portam de antemão os elementos cuja existência ou não deve ser avaliada de modo fragmentário e insuficiente por aquela prova. Contudo, a minha crítica não visa unicamente àqueles que foram reprovados no exame. Muitas vezes estes são somente menos habilidosos, mas de modo algum menos qualificados do que aquela maioria que é aprovada em função de critérios formais. Entretanto, o que caracteriza uma situação fatal — de fato trata-se de uma situação, não havendo culpa individual dos não exitosos — é deixar sua marca também naqueles que são aprovados sem problemas no exame, ou naqueles que, para utilizar uma expressão em última análise humilhante, formam a média aprovada. Com frequência temos a impressão de precisar aprovar este ou aquele, porque ele respondeu de uma maneira mais ou menos correta à maioria das questões concretas ou passíveis de controle. Mas essa decisão, por mais agradável que seja para o indivíduo, não é inteiramente satisfatória. Se avaliássemos rigorosamente conforme o sentido e não conforme a letra do disposto no exame, tais candidatos deveriam ser avaliados negativamente, sobretudo pensando naquela juventude que lhes será confiada como futuros professores, e com que me identifico plenamente, pois me considero suficientemente jovem para isso. A mera falta de professores não deveria favorecer aqueles que pela sua própria formação provavelmente acabarão prejudicando a própria demanda de docentes. A situação é questionável em sua totalidade, justamente quanto àqueles aspectos que motivaram a introdução dessa prova geral. Em minha opinião é melhor falar abertamente dessa questão, estimulando a reflexão a respeito, do que silenciar enredado numa situação que impõe rotina e resignação aos examinadores e provoca desprezo nos candidatos quanto ao que deles se exige, sentimento que frequentemente apenas mascara o desprezo por si mesmos. Existe mais amabilidade nessa indelicadeza do que numa atitude que comodamente passa ao largo daquilo que acaba obstruindo na consciência das pessoas as suas melhores possibilidades, nos termos em que tenho confiança que constituem o empenho de qualquer pessoa. Boa vontade e respeito são naturais à humanidade; não faltarão a ninguém que presta exame de filosofia em nossa universidade. Contudo, não queremos ser humanos somente em relação aos candidatos cujos temores podemos imaginar muito bem, mas também em relação àqueles que alguma vez sentarão defronte a eles, que não podemos ver e que estão ameaçados de danos maiores por parte do espírito deformado e inculto, do que os prejuízos a qualquer uma de nossas exigências intelectuais. Para isso nem sequer necessitamos do que Nietzsche denominava "amor ao não próximo"; basta um pouco de imaginação.

Quando afirmava que os mais aptos ao exame frequentemente são aqueles que participaram ativamente dos seminários de filosofia, não tinha a intenção de exercer pressão institucional. Levo a ideia da liberdade acadêmica extremamente a sério e considero inteiramente indiferente a maneira pela qual um estudante se forma, se como participante de seminários e aulas ou unicamente mediante a leitura por conta própria. De modo algum pretendia identificar o sentido desse exame com a formação filosófica específica. Apenas queria dizer que aqueles que são impelidos para além do empreendimento das ciências particulares para aquela autoconsciência do espírito, que afinal é a filosofia, de uma maneira geral correspondem às concepção do exame. Seria infantil esperar que qualquer um queira ou possa se tornar um filósofo profissional; é justamente esta a concepção em relação à qual tenho profundas desconfianças. Não queremos impor aos nossos estudantes a deformação profissional daqueles que automaticamente consideram sua própria área de atuação como sendo o centro do mundo. A filosofia só faz jus a si mesma quando é mais do que uma disciplina específica. A prova geral, conforme o tão respeitado parágrafo 19 da regulamentação da prova:

> Deve avaliar se o candidato apreendeu o sentido formativo e o potencial formativo de suas disciplinas profissionais, habilitando-se a compreendê-las a partir das questões filosóficas, pedagógicas e políticas vivas da atualidade (p. 46).

E se acrescenta expressamente:

> Contudo, o exame com forte acentuação filosófica não deve se perder em problemas da filosofia profissional, mas deve dirigir-se a questões essenciais para a formação viva atual, no que o rumo deve ser dado pelas matérias profissionais do candidato.

Em outros termos, a prova geral, na medida em que isso é possível para um exame, pretende avaliar se os candidatos conseguem ir além do seu aprendizado profissional estrito, na medida em que desenvolvem uma reflexão acerca de sua profissão, ou seja, pensam acerca do que fazem, e também refletem acerca de si mesmos. Se a expressão "pessoas de espírito" não gerasse uma espécie de arrogância, a lembrança de desejos elitistas de dominação que impedem justamente a autoconscientização do acadêmico, poderíamos dizer simplesmente: avaliar se são pessoas de espírito. A expressão "pessoa de espírito" pode ser repugnante, mas só nos damos conta de que existe alguém assim a partir de algo ainda mais repugnante, ou seja, o fato de alguém ser uma pessoa sem espírito. Portanto, o que se pretende avaliar neste exame é se aqueles que terão uma pesada responsabilidade quanto ao desenvolvimento real e intelectual da Alemanha, como professores em escolas superiores, são intelectuais ou meros profissionais, como já dizia Ibsen havia oitenta anos. Que o termo "intelectuais" tenha sido difamado a partir dos nazistas, parece-me um motivo a mais para assumi-lo positivamente: um primeiro passo da conscientização de si mesmo é não assumir a estupidez como integridade moral superior; não difamar o esclarecimento, mas resistir sempre em face da perseguição aos intelectuais, seja qual for a forma em que essa se disfarça. Mas se alguém é ou não é um intelectual, essa conclusão se manifesta sobretudo na relação com seu próprio trabalho e com o todo social de que essa relação forma uma parcela. Aliás é essa relação, e não a ocupação com disciplinas específicas, tais como teoria do conhecimento, ética ou até mesmo história da filosofia, que constitui a essência da filosofia. Essa é a formulação de um filósofo a quem dificilmente se negará qualificação nas disciplinas filosóficas específicas. No projeto de uma instituição de ensino superior a ser implantada em Berlim — a universidade —, Fichte afirma:

> Mas aquilo que compreende cientificamente o conjunto da atividade intelectual, bem como todas as suas manifestações específicas e mais determinadas, é a filosofia: a partir da formação filosófica deveria se garantir às ciências particulares o seu ofício, convertendo em conhecimento e prática consciente aquilo que nelas foi até agora apenas dádiva natural dependente da sorte; o espírito da filosofia seria aquele que entenderia primeiro a si mesmo e em seguida entenderia em si mesmo todos os outros espíritos; o artesão de uma ciência particular deveria tornar-se antes de tudo um

artesão em filosofia, e sua arte específica seria meramente uma determinação a mais e uma aplicação singular de sua arte filosófica geral.

Ou, de um modo possivelmente ainda mais impactante:

Com este espírito filosófico assim desenvolvido, enquanto é a forma pura do saber, deveria se apreender e perpassar em sua unidade orgânica todas as matérias científicas na instituição de ensino superior.

Essas proposições não valem menos hoje do que valiam havia cento e cinquenta anos. O conceito enfático de filosofia que o movimento do idealismo alemão almejava quando se encontrava em conformidade com o espírito da época não acrescentava a filosofia como uma disciplina a mais às ciências, mas a procurava na autoconscientização viva do espírito. Mas, na medida em que o processo da especialização, que reduziu essa ideia de filosofia à mera frase de efeito em discurso dominical, é considerado efetivamente como algo ruim, como expressão da reificação [*Verdinglichung*] do espírito, experimentada por ele com a sociedade mercantil progressivamente reificada, então a filosofia pode ser lida como sendo o potencial de resistência por meio do próprio pensamento que o indivíduo opõe à apropriação parva de conhecimentos, inclusive as chamadas filosofias profissionais.

Evitemos mal-entendidos. Não desconheço a necessidade de autonomia da filosofia frente às ciências particulares. Sem esta distinção, ao menos as ciências naturais não teriam a evolução que tiveram. E mesmo a filosofia possivelmente chegou às suas apreciações mais profundas quando, como Hegel, voluntária ou involuntariamente se separou dos empreendimentos científicos específicos. A reunificação do que se encontra separado não pode ser esperada a partir de um toque de mágica; também o ofício filosófico deveria se precaver frente a essa ilusão. Algumas ciências humanas altamente desenvolvidas, como as filologias das línguas antigas, assumiram um tal peso próprio, dispõem de uma metodologia e uma temática a tal ponto elaboradas, que para elas a autorreflexão filosófica parece quase um diletantismo. Praticamente não existe um caminho direto conduzindo de suas próprias reflexões às reflexões filosóficas. Por outro lado, também a constituição da filosofia em disciplina específica precisa ser levada em conta. A reflexão filosófica dos diversos ramos do conhecimento, quando acompanhada de um abandono do conhecimento do que foi produzido pela filosofia como disciplina autônoma, facilmente teria algo de quimérico. Uma consciência que se comporta como se em seu material fosse imediatamente filosofia, não só se refugiaria com excessiva facilidade na ausência de compromisso em face do peso do material, mas além disso estaria condenada a recuar de um modo amadorístico a etapas da filosofia que foram superadas há muito tempo. Não estou nem deixando despercebida, nem omitindo essa dificuldade objetiva do exame. Porém, acredito que não devemos nos intimidar, e principalmente: há que deixar a igreja na aldeia. Mesmo sendo verdade que não há uma comunicação tão direta entre o trabalho nas ciências particulares e a filosofia, isso ainda não significa que inexistem relações entre ambas. Um germanista do alemão antigo recusava-se muito justamente a interpretar em termos da filosofia da história as leis de transformação vocabular. Mas o problema de como na "Canção dos Nibelungos" a herança mítica das religiões populares assumiu traços arcaicos frente ao cristianismo, e simultaneamente também, na figura de Hagen, traços protestantes pós-medievais — na hipótese de o episódio ocorrido no Danúbio ter um tal significado —, seria reconhecido como sendo legítimo pelos filólogos das línguas antigas, ao mesmo tempo que seria produtivo para a filosofia. Ou então: quando a grande lírica medieval perde parte substantiva do que, como lírica natural, se combina com o conceito do lírico em inícios do século XVIII, então a longa ausência desse momento fundamental para a consciência lírica posterior seria tanto um tema filosófico como também interessaria aos germanistas. Existem inúmeros cruzamentos como esses, e os candidatos poderiam escolher alguma dessas temáticas. Afinal, para a compreensão de Schiller é essencial a sua relação com Kant — e não me refiro à relação biográfica ou nos termos da história das ideias, mas à sedimentação dessa relação sob a forma dos dramas e dos poemas, assim como para a compreensão de Hebbel impõe-se o conhecimento da concepção de filosofia da história presente em seus dramas. Quase nunca me sugeriram temas como esses sobre os quais acabei de improvisar exemplos. Evidentemente não quero com isso afirmar que temas específicos da filosofia devem ser excluídos, ou então que devem constituir a exceção. Mas, para começar, basta a diferença entre as sugestões costumeiras e sugestões como estas, que têm algo a ver com autorreflexão, se não relativa a problemas específicos das ciências particulares, no mínimo em relação a outros complexos e outros tópicos. De minha parte me daria por satisfeito se os temas sugeridos permitissem pelo menos reconhecer o que estou vislumbrando.

Com frequência ouvimos a queixa de que a filosofia sobrecarrega os futuros professores com uma disciplina a mais, e ainda por cima uma disciplina com que a maioria não mantém vínculos. Sou obrigado a devolver a provocação: muitas vezes não somos nós, mas os próprios candidatos os responsáveis pela transformação do exame numa avaliação profissional específica. Quando, como se diz, me é atribuído um candidato, então costumo conversar com ele acerca de seu próprio assunto, procurando cristalizar a partir daí um posicionamento tal em relação ao tema que possibilite obter uma espécie de autoavaliação intelectual do seu trabalho. Porém, não existe por parte dos candidatos nenhuma satisfação ou entusiasmo quanto a esse procedimento. Ao contrário. A preferência dos candidatos seria por uma prova escrita, sempre sobre temas de caráter específico da história da filosofia ou de referência filosófica. Logo percebemos que certos filósofos e certos textos são particularmente bem-vistos — aparentemente como sendo mais fáceis; por exemplo as *Meditações* de Descartes, os empiristas ingleses, Shaftesbury, *A fundamentação da metafísica dos costumes* de Kant, um conjunto tematicamente tão limitado que começa a despertar nossas mais variadas dúvidas. É difícil me convencer de que o *Essay concerning human understanding* [Ensaio sobre o entendimento humano], de Locke, que Kant considerava admirável, obra cuja leitura também para mim não constitui mero passatempo, possua um significado especial ou ao menos seja interessante para um germanista ou historiador; também não me convenço com as prontas explicações do candidato — como agora se tornou moda — justificando o seu estudo do complicado texto original do *common sense* [senso comum]. Diga-se de passagem que a distinção entre filósofos fáceis e difíceis — e suspeito que se distinga analogamente também entre examinadores fáceis e difíceis — é totalmente inapropriada. Os abismos sobre os quais Locke desliza são gritantes em seus textos, impossibilitando muitas vezes até mesmo uma leitura coerente, enquanto um pensador tão mal-afamado como Hegel atinge um nível de precisão muito maior, justamente porque os problemas não são ocultos por meio de posicionamentos do bom senso, mas apresentados sem quaisquer reservas. Um intelectual ou um homem de espírito poderia muito bem concordar com considerações como essas. Mas a meta de passar no exame correndo um mínimo de riscos, conforme o lema *safety first* [segurança em primeiro lugar], não contribui muito para o potencial intelectual e acaba colocando em risco uma segurança que, de qualquer modo, é problemática. Contudo espero que essas considerações não provoquem agora uma avalanche de Hegel sobre os examinadores.

Quando se insiste efetivamente na escolha de um tema relacionado mais profundamente aos interesses específicos do candidato do que a mera aproximação por imposição externa, depara-se com dificuldades bastante singulares. Certa feita tive as maiores dificuldades em obter uma informação acerca dos interesses de um candidato. Ele afirmava interessar-se por tudo, despertando assim a suspeita de não interessar-se por nada. Por fim, acabou indicando uma determinada época e eu me lembrei de uma obra que correspondia à interpretação dela nos termos da filosofia da história. Sugeri que escrevesse seu trabalho acerca dessa obra, o que só contribuiu para assustá-lo. Ele me perguntou se o autor em questão era de fato um filósofo de destaque e importante para as suas disciplinas, conforme a exigência da prova — a letra dos parágrafos do regulamento com frequência se converte em maneira de evitar precisamente o que deveria promover como sua finalidade. Justamente onde o regulamento oferece pontos de apoio para facilitar a orientação de candidatos e examinadores, muitos candidatos se paralisam, fixando-se ao que lhes parece ser normas sagradas. Um candidato indicara como sua área de interesse Leibniz e a crítica deste a Locke. Ao repetir a afirmação, frente à explicação do examinador de que considerava inadequado conversar novamente com ele acerca dos mesmos assuntos, sua primeira reação foi perguntar se teria que estudar dois filósofos. Age-se conforme uma proposição de Hofmannsthal, embora este a coloque na boca da apavorada Clitemnestra: "Para tudo precisa haver os hábitos correspondentes." A consciência dos candidatos em questão procura por toda parte encontrar proteção, normas, caminhos já consolidados; seja tentando se afirmar por vias já comprovadas, seja inclusive procurando normatizar o próprio curso do exame, evitam-se justamente aquelas perguntas que afinal constituem a motivação de todo o exame. Para resumir: depara-se com a consciência reificada ou coisificada. Mas esta, a inaptidão à existência e ao comportamento livre e autônomo em relação a qualquer assunto, constitui uma contradição evidente com tudo o que nos termos do exame pode ser pensado de modo racional e sem *pathos* como sendo a "verdadeira formação do espírito", o objetivo das escolas superiores. Nas discussões referentes à escolha temática acabamos tendo a impressão de que os candidatos adotaram como máxima a frase em que Brecht afirma: "Eu nem quero ser gente", mesmo quando, ou talvez principalmente quando conhecem de cor as diferentes versões do imperativo categórico. Aqueles que ficam indignados com a sugestão da disciplina filosofia são precisamente os mesmos para quem a filosofia é nada além de uma disciplina.

Por várias razões aprendemos a não valorizar demais os trabalhos escritos na avaliação dos candidatos, atribuindo mais peso ao exame oral. Porém o que ouvimos e vemos nessas ocasiões também não é mais animador. Se um candidato expressa sua má vontade frente à sugestão de tornar-se um intelectual por meio de ostentativos gemidos durante todo o exame, então pode parecer tratar-se de uma questão relativa à boa educação e não relativa ao espírito enquanto tal, embora ambas as coisas tenham a ver uma com a outra do que consegue imaginar um candidato desses. Mas, se me é permitida esta *contradictio in adiecto* [contradição na derivação], os profissionais da especialização festejam suas orgias no terreno da oralidade. No regulamento consta que "o candidato deve mostrar que aprendeu os conceitos fundamentais do filósofo que estudou e que compreende a transformação histórica deles". Indagado sobre Descartes, um candidato referiu-se bastante bem à argumentação das *Meditações*, como é usual. A seguir a conversa voltou-se à *res extensa*, à substância extensa e à sua determinação meramente matemático-espacial, à ausência de categorias dinâmicas na concepção cartesiana da natureza. Perguntado acerca das consequências filosóficas dessa ausência, o candidato declarou muito honestamente que isto ele não sabia; ou seja, ele compreendera Descartes corretamente, mas nunca tinha pensado um pouco além dele, para perceber em que insuficiência do sistema cartesiano se apoia criticamente Leibniz e com ele o desenvolvimento que conduz a Kant. A concentração especializada em um grande filósofo consagrado o desviou daquilo que o regulamento da prova exige, o conhecimento da transformação histórica do problema. Apesar disso, ele foi aprovado. Um outro recitou com fluência desagradável a sequência argumentativa das duas primeiras meditações. Para avaliar a sua compreensão do assunto, eu o interrompi perguntando se a aplicação da dúvida e a conclusão relativa ao *ego cogitans* indubitável o satisfazia. Eu imaginava como resposta uma consideração não propriamente abismal, a de que a consciência empírica individual a que se recorre em Descartes, é, afinal, ela mesma enredada no mundo espaçotemporal, de que, conforme o sentido da perspectiva cartesiana, deve se destacar como um resto inevitável. O candidato me mirou por um instante, em que mais avaliou a mim do que refletiu acerca da dedução cartesiana. Claramente a sua conclusão foi que me considerava um homem dotado de sentido para o que é superior. Para me agradar, ele respondeu: não — existe também o verdadeiro encontro. Suponhamos que de fato haja um pensamento por trás dessa resposta, por exemplo a recordação de doutrinas que atribuem ao espírito um conhecimento intuitivo imediato da realidade. Mas, de todo modo, se essa foi sua intenção, então não foi capaz de articulá-la, e afinal, conforme a definição de nosso professor Cornelius, a filosofia é a arte de se expressar. Mas o que é peculiar na resposta é que esta lança sobre mim uma frase de efeito da decadente filosofia existencial, que já era questionável mesmo em sua origem, fazendo-o na crença de por esta via demonstrar seu alto nível, além de imaginar proporcionar-me um deleite garantido. A crença no fatual do profissional especialista, que considera qualquer referência ao que não é o caso como fato como sendo importuna, e até mesmo como sendo um atentado ao espírito científico, é complementar à crença nas palavras de prestígio e nas reviravoltas mágicas do repertório do jargão da autenticidade que atualmente perpassa todas as vias de comunicação da Alemanha. Onde falta a reflexão do próprio objeto, onde falta o discernimento intelectual da ciência, instala-se em seu lugar a frase ideológica, nos termos do deslumbramento daquela infeliz tradição alemã segundo a qual os nobres idealistas vão para o céu e os materialistas ordinários vão para o inferno. Muitas vezes estimulei sem qualquer reserva estudantes que me perguntavam se podiam emitir também suas próprias opiniões nos seus trabalhos, e que então acabavam colocando em dúvida sua própria autonomia por meio de afirmativas como, por exemplo, a de que Voltaire, que conseguiu o fim da tortura, carecia de um autêntico sentimento religioso. Nesta aliança entre a ausência pura e simples de reflexão intelectual e o estereótipo da visão de mundo oficialista delineia-se uma conformação dotada de afinidades totalitárias. Hoje em dia o nazismo sobrevive menos por alguns ainda acreditarem em suas doutrinas — e é discutível inclusive a própria amplitude em que tal crença ocorreu no passado — mas principalmente em determinadas conformações formais do pensamento. Entre estas enumeram-se a disposição a se adaptar ao vigente, uma divisão com valorização distinta entre massa e lideranças, deficiência de relações diretas e espontâneas com pessoas, coisas e ideias, convencionalismo impositivo, crença a qualquer preço no que existe. Conforme seu conteúdo, síndromes e estruturas de pensamento como essas são apolíticas, mas sua sobrevivência tem implicações poéticas. Este talvez seja o aspecto mais sério do que estou procurando transmitir.

A colcha de retalhos formada de declamação ideológica e de fatos que foram apropriados, isto é, na maior parte das vezes decorados, revela que foi rompido o nexo entre objeto e reflexão. A constatação disso nos exames é recorrente, levando imediatamente a concluir pela ausência da formação cultural [*Bildung*] necessária a quem pretende ser um formador. Apesar das advertências de seu examinador, uma estudante queria ser avaliada na prova oral acerca de Henri Bergson. Para saber se ela tinha noção do que se chama de contexto histórico-intelectual, ele a inquiriu acerca de pintores mais ou menos contemporâneos daquele filósofo e cuja obra tivesse algo a ver com o espírito de sua filosofia. Primeiro ela respondeu que se tratava do naturalismo. Perguntada quanto a nomes, inicialmente ela citou Manet, depois Gauguin e, finalmente, após muita conversa, Monet. O examinador insistiu em perguntar como se chamava aquele grande movimento geral da pintura do fim do século XIX, e ela respondeu, convicta de sua vitória: expressionismo. Ora, ela não havia escolhido como tema o impressionismo, mas apenas Bergson, contudo a formação cultural viva deveria consistir precisamente em ter havido a experiência de relações como essas entre a filosofia da vida e a pintura impressionista. Quem não compreendeu nada disso também não tem condições de compreender Bergson; e de fato a candidata demonstrou ser totalmente inapta para relatar os dois textos que afirmara ter lido, "Introdução à metafísica" e "Matéria e memória". Mas, se fôssemos confrontados com a questão de como afinal é possível adquirir esse tipo de formação cultural que permite associar Bergson e o impressionismo, isto provocaria perplexidade entre os examinadores. Isto porque a formação cultural é justamente aquilo para o que não existem à disposição hábitos adequados; ela só pode ser adquirida mediante esforço espontâneo e interesse, não pode ser garantida simplesmente por meio da frequência de cursos, e de qualquer modo estes seriam do tipo "cultura geral". Na verdade, ela nem ao menos corresponde ao esforço, mas sim à disposição aberta, à capacidade de se abrir a elementos do espírito, apropriando-os de modo produtivo na consciência, em vez de se ocupar com eles unicamente para aprender, conforme prescreve um clichê insuportável. Se não fosse pelo meu temor em ser interpretado equivocadamente como sentimental, eu diria que, para haver formação cultural, se requer amor; e o defeito certamente se refere à capacidade de amar. Instruções sobre como isso pode ser mudado são precárias. Em geral a definição decisiva a respeito se situa numa fase precoce do desenvolvimento infantil. Mas seria melhor que quem tem deficiências a esse respeito não se dedicasse a ensinar. Ele não apenas perpetuará na escola aquele sofrimento que os poetas denunciavam havia sessenta anos e que incorretamente consideramos hoje eliminado, mas além disso dará prosseguimento a essa deficiência nos alunos, produzindo *ad infinitum* aquele estado intelectual que não considero ser o estado de uma ingenuidade inocente, mas que foi corresponsável pela desgraça nazista.

A carência se revela do modo mais drástico na relação com a linguagem. Conforme o parágrafo nono do regulamento do exame, é preciso atentar especialmente à forma da linguagem; havendo deficiências sérias de linguagem, o trabalho deverá ser considerado insatisfatório. Nem me arrisco a pensar aonde chegaríamos se os examinadores se ativessem estritamente a esse critério; receio que não haveria sequer o preenchimento das vagas mais urgentes do professorado, e não me surpreende que muitos candidatos confiem exatamente nessa situação. Somente muito poucos pressentem algo na diferença entre a linguagem como meio de comunicação e a linguagem como meio de expressão rigorosa do objeto; acreditam que basta saber falar para saber escrever, conquanto seja certo que quem não sabe escrever em geral também não consegue falar. Espero não ser considerado entre os *laudatoris temporis acti* [que fazem o elogio dos acontecimentos do passado], mas a lembrança de meu tempo de colégio traz à recordação professores cuja sensibilidade linguística — ou melhor, cuja simples correção no expressar-se — era bem distinta do descaso hoje predominante, um descaso aliás que provavelmente se justifica a si mesmo apelando ao uso geral corrente da linguagem, e que efetivamente reflete o espírito objetivo. A negligência costuma se dar muito bem com o pedantismo professoral. Tão logo me convenço durante a discussão do tema do trabalho do exame oficial que o candidato foge da responsabilidade em relação à linguagem — e a reflexão acerca da linguagem constitui o parâmetro original de qualquer reflexão filosófica —, costumo adverti-lo em relação ao disposto no regulamento da prova, assinalando previamente o que espero desses trabalhos. A pouca eficácia de exortações dessa ordem parece demonstrar que se trata de mais do que mero desleixo: está em causa a perda da relação entre os candidatos e a língua que eles falam. Trabalhos de nível inferior encontram-se repletos de erros gramaticais e de sintaxe. Utilizam-se da maneira mais desavergonhada e até prazerosa os clichês mais rasteiros, como "em nível de", "a disposição legítima" e o já referido "encontro", como se a utilização de frases demonstrasse estarmos à altura do nosso tempo. O pior parece-me ser o encadeamento de sentenças. No horizonte da consciência encontra-se provavelmente a lembrança de que um texto filosófico precisaria formar um encadeamento lógico ou uma sequência fundamentada. Entretanto ao encadeamento assim apresentado não correspondem as relações entre os próprios pensamentos ou, melhor, entre as afirmações que muitas vezes simplesmente se apresentam como pensamentos. Nexos pseudológicos e pseudocausais são produzidos por meio de palavras que unem as frases entre si na superfície da linguagem, mas no plano da reflexão sobre o objeto revelam-se totalmente desprovidas de conteúdo; assim, por exemplo, a partir de duas sentenças, uma é apresentada como consequência da outra, embora ambas estejam no mesmo nível do ponto de vista lógico.

Estilo é algo ainda totalmente incompreensível para a maioria dos candidatos, tenham ou não estudado a linguagem; no lugar do estilo, selecionam penosa e ardilosamente, nos modos de falar de que têm conhecimento, aquilo que muito impropriamente consideram ser o tom científico. A linguagem do exame oral é ainda pior do que a dos trabalhos escritos. Frequentemente trata-se de um balbuciar, intermeado por frases cerceadoras e indeterminadas tais como "até certo ponto", com que, no próprio instante em que uma afirmação é feita, procura-se imediatamente evitar a responsabilidade por ela. Palavras estrangeiras, e até mesmo nomes em línguas estrangeiras constituem obstáculos raramente transpostos sem provocar sequelas para o obstáculo ou para o candidato. Por exemplo, a maior parte que elegeu para o exame um filósofo aparentemente considerado fácil, como Hobbes, irá se referir a ele como Hob*bes*, como se o *bes* fosse tomado àquele dialeto em que "algo" soa como *eb-bes*. Quanto ao dialeto, impõem-se esclarecimentos. Espera-se da formação cultural que ela amenize a rudeza da linguagem regional com formas mais delicadas. Mas nada disto ocorre. O conflito entre o alemão culto e o dialeto termina numa reconciliação que não satisfaz a ninguém, nem mesmo ao próprio futuro professor, cujo desagrado ressoa em cada palavra. Perdeu-se a proximidade do dialeto em relação àquele que fala, ou seja, nos contextos em que o dialeto ainda é camponês, perdeu-se o momento em que quem fala ao menos o faz em sua própria língua, ou como diz o ditado popular, "como lhe cresceu o bico"; porém, ao mesmo tempo, não se atinge a língua culta objetiva, que permanece subordinada às cicatrizes do dialeto; tudo se passa como no caso dos jovens das cidades do interior que, para ajudar no movimento dominical, vestem roupas de garçom de tamanhos inapropriados.[1] Certamente não desejo me manifestar contra a louvável instituição dos cursos acadêmicos de alemão para estrangeiros, mas talvez cursos para os próprios habitantes do país fossem ainda mais importantes, mesmo que seu resultado não fosse além da eliminação daquele tom em que a brutalidade das manifestações rústicas se mescla, numa mistura turva, com a futura dignidade pedagógica. O complemento da vulgaridade é a empolação, a inclinação por palavras situadas fora do horizonte da experiência de quem fala, que por isto mesmo saem de seus lábios como se fossem aquelas palavras em língua estrangeira que possivelmente levarão o professor algum dia a dificultar a vida dos seus alunos. Tais expressões quase sempre são bens culturais decadentes da elite ou, em termos menos científicos, roupas finas de segunda mão, que chegam ao setor denominado pedagógico somente após já não comover ninguém no âmbito das ciências puras do espírito. À formação cultural [*Bildung*] precisa corresponder a urbanidade, e o seu lugar geométrico é a linguagem. Ninguém pode ser recriminado por ser do campo, mas ninguém deveria também transformar esse fato em um mérito, insistindo em permanecer assim. Quem não conseguiu emancipar-se da província, posiciona-se de um modo extraterritorial em relação à formação cultural. A obrigação de se desprovincianizar, em vez de imitar ingenuamente o que é considerado culto, deveria constituir uma meta importante para a consciência daqueles que pretendem ensinar alguém. A divergência persistente entre a cidade e o campo, a não formação cultural do agrário, cujas tradições são declinantes e irrecuperáveis, é uma das figuras em que a barbárie se perpetua. Não se trata de requintes da elegância do espírito e da linguagem. O indivíduo só se emancipa quando se liberta do imediatismo de relações que de maneira alguma são naturais, mas constituem meramente resíduos de um desenvolvimento histórico já superado, de um morto que nem ao menos sabe de si mesmo que está morto.

Se estivermos tomados pela maldição da fantasia exata, então será possível imaginar muito bem como se chegou à escolha da profissão: o conselho familiar decide a respeito do que o menino deve fazer para conseguir vencer na vida, talvez depois de duvidar que ele possa ser bem-sucedido por esforço próprio, sem a proteção de uma carreira amparada em títulos de capacitação; personalidades locais podem participar das decisões, confiando em suas relações, e as combinações práticas das profissões resultarão de comum acordo. Acrescente-se aquele desprezo ofensivo pela profissão de professor, muito difundido também fora da Alemanha, que por sua vez induz os candidatos a apresentar exigências excessivamente modestas. Muitos já se resignaram mesmo antes de começar, desvalorizando-se nestes termos frente a si mesmos e frente ao espírito. Percebo em tudo isso a humilhante imposição da realidade que paralisa de antemão qualquer possível resistência. A situação em que se encontra esse tipo de formando do segundo grau que presta o exame que possibilita o acesso à universidade (o "Abitur") provavelmente não permite outra opção. Seria demais imaginar que possa perceber o que existe de questionável em sua iniciação justamente no momento dessa decisão acerca de seu futuro. Caso contrário, se romperia o encanto, manifestado com clareza no exame como rotina da ausência de liberdade intelectual. As pessoas a que me refiro encontram-se presas em um círculo fatal; seu interesse impõe uma falsa opção que termina por vitimá-las. Nada seria mais injusto do que responsabilizá-las por isto. Mas, se quisermos garantir algum sentido à ideia de liberdade, seria o de que os desprovidos das competências apropriadas tirem as consequências disto exatamente no ponto de sua formação em que tomam consciência das dificuldades, da ruptura entre sua existência e sua profissão — e esta consciência deverá inevitavelmente ocorrer na universidade. Nesta medida, ou eles deveriam abandonar em tempo a sua profissão, com cujo conceito não concordam — e em épocas de crescimento econômico não cabe a desculpa de que inexistem outras alternativas —, ou então deveriam procurar transformar a situação de que se mencionou alguns sintomas, posicionando-se frente a ela com todo o vigor da autocrítica. É justamente esta tentativa e não um resultado fixo que constitui a formação cultural [*Bildung*] que os candidatos devem adquirir, e, gostaria de acrescentar, também aquilo que o exame exige em termos de filosofia; que os futuros professores tenham uma luz quanto ao que eles próprios fazem, em vez de se manterem desprovidos de conceitos em relação à sua atividade. As limitações objetivas que, bem sei, se abatem sobre muitos, não são invariáveis. A autorreflexão e o esforço crítico são dotados por isso de uma possibilidade real, a qual seria precisamente o contrário daquela dedicação férrea pela qual a maioria se decidiu. Esta contraria a formação cultural e a filosofia, na medida em que de antemão é definida pela apropriação de algo previamente existente e válido, em que faltam o sujeito, o formando ele próprio, seu juízo, sua experiência, o substrato da liberdade.

Pois o que me perturba nesses exames é a ruptura entre aquilo que constitui objeto de elaboração e apresentação filosófica e os sujeitos vivos. A ocupação com a filosofia deveria promover a identidade de seu interesse verdadeiro com o estudo profissional que elegeram, mas na verdade apenas aumenta a autoalienação. Esta possivelmente se avoluma ainda mais na medida em que a filosofia é percebida como um peso morto que dificulta a aquisição de conhecimentos úteis, seja na preparação das disciplinas principais, prejudicando o progresso nessa área, seja na aquisição de conhecimentos profissionais. A filosofia submetida a exame converteu-se em seu contrário; em vez de conduzir os que se ocupam dela ao encontro de si mesmos, presta-se apenas a demonstrar a todos o fracasso da formação cultural, não só no caso dos candidatos, mas de um modo geral. A base de sustentação para isto é o conceito de ciência. Outrora, enquanto exigência de nada aceitar sem verificação e comprovação, ela significava liberdade, emancipação da tutela de dogmas heterônomos. Atualmente a ciência se converteu para seus adeptos em uma nova forma de heteronomia, de um modo que chega a provocar arrepios. As pessoas acreditam estar salvas quando se orientam conforme regras científicas, obedecem a um ritual científico, se cercam de ciência. A aprovação científica converte-se em substituto da reflexão intelectual do fatual, de que a ciência deveria se constituir. A couraça oculta a ferida. A consciência coisificada coloca a ciência como procedimento entre si própria e a experiência viva.

Quanto mais se imagina ter esquecido o que é mais importante, tanto mais procura-se refúgio no consolo de se dispor do procedimento adequado. Repetidamente os candidatos me perguntam se podem, se devem ou se são obrigados a usar literatura secundária e o que eu recomendo. Bem, o conhecimento da literatura secundária sempre é bom para se conhecer o estado atual dos conhecimentos, evitando assim a redescoberta da América. Quem deseja se qualificar cientificamente precisa demonstrar também o domínio das regras do trabalho científico. Porém, a preocupação com a literatura secundária frequentemente significa coisa bem diferente. Por um lado, representa a expectativa de encontrar nela as ideias de que, numa autoavaliação masoquista, se considera incapaz; por outro lado, espera-se, talvez inconscientemente, tomar parte da ciência mediante rituais científicos, por meio de citações, abundantes referências bibliográficas e opções místicas. Existe a pretensão de ser parte dela, pois fora dela não se seria ninguém. Não me inclino pela filosofia existencialista, mas em situações como estas ela tem um momento de verdade. A ciência como ritual dispensa o pensamento e a liberdade. Dizem que a liberdade precisa ser salva por encontrar-se ameaçada a partir do Leste, e não tenho ilusões quanto à regulamentação da consciência do lado de lá da fronteira. Mas, às vezes, me parece que a liberdade já se encontra abalada também naqueles que formalmente ainda a possuem, como se seus hábitos intelectuais já se identificassem ao que é regressivo, ainda que este não tenha sido prescrito; como se algo nas próprias pessoas esperasse por ser dispensado do peso da autonomia, cujo significado representa tudo o que alguma vez foi valorizado e considerado verdadeiro na Europa. Na incapacidade do pensamento em se impor, já se encontra à espreita o potencial de enquadramento e subordinação a uma autoridade qualquer, do mesmo modo como hoje, concreta e voluntariamente, a gente se curva ao existente. Alguns possivelmente ainda procurarão sacramentar o próprio encantamento como sendo o que o jargão da autenticidade denomina vínculo autêntico. Enganam-se, porém. Eles não se encontram além do isolamento do espírito autônomo, mas sim aquém da individuação, a qual por isto mesmo não conseguem superar nos termos que imaginavam.

O objetivo prático de progredir constitui em muitos um ímpeto tão férreo que nada o ameaça seriamente. Sua postura é de defesa automática; por isto não sei se consigo sequer estabelecer algum contato com eles. Uma das características da consciência coisificada é manter-se restrita a si mesma, junto a sua própria fraqueza, procurando justificar-se a qualquer custo. É sempre admirável a esperteza de que até os mais obtusos conseguem lançar mão quando se trata de defender malefícios. É possível objetar que se trata de uma situação conhecida contra a qual nada se pode fazer, e eu não teria muito o que retrucar. Ela seria sustentada por considerações como: de onde alguém poderia obter hoje em dia suporte para aquele sentido que iluminaria o seu próprio trabalho. Além disso, pode-se lembrar — e eu seria o primeiro a concordar — que condições sociais como a origem, em relação à qual todos somos impotentes, são culpadas pela insuficiência do conceito enfático de formação: a maioria não teve acesso àquelas experiências prévias a toda educação explícita, de que a formação cultural se nutre. Além disso, ainda é possível remeter à insuficiência da universidade, ao seu fracasso: muitas vezes ela não proporciona aquilo cuja ausência incriminamos aos candidatos. Por fim, poderíamos atentar uma vez mais ao excesso de ciência e à situação deplorável dos exames. Não pretendo julgar quanto disso tudo corresponde à verdade e o que é mera desculpa; existem argumentos que, embora em si verdadeiros, tornam-se falsos quando utilizados para interesses mesquinhos. Eu concederia que, numa situação em que a dependência virtual de todos de uma configuração geral poderosíssima reduz a um mínimo a liberdade possível, o apelo à liberdade do indivíduo isolado tem algo de vazio; a liberdade não é um ideal, que se ergue de um modo imutável e incomunicável sobre a cabeça das pessoas — não é por acaso que essa imagem lembra a espada de Dâmocles —, mas a sua possibilidade varia conforme o momento histórico. No momento presente a pressão econômica sobre a maioria não chega a ser tão insuportável de modo a impedir a consciência de si e a autorreflexão do objeto: é muito mais o sentimento de impotência social, de dependência em geral, que impede a cristalização da autodeterminação, do que a necessidade material nos termos de antigamente.

Mas podemos exigir de uma pessoa que ela voe? É possível receitar entusiasmo, a condição subjetiva mais importante da filosofia, segundo Platão, que sabia do que estava falando? A resposta não é tão simples como pode parecer ao gesto defensivo. Pois este entusiasmo não é uma fase acidental e depende apenas da situação biológica da juventude. Ele tem um conteúdo objetivo, a insatisfação em relação ao mero imediatismo da coisa, a experiência de sua aparência. Tão logo o entusiasmo é abraçado de boa vontade, lhe é exigido que ultrapasse essa aparência. Ultrapassar no sentido que tenho em mente é o mesmo que aprofundar-se. Cada um sente por si próprio o que está faltando; sei que não disse nada de novo, mas somente expus algo que muitos não querem assumir como verdade. Aconselha-se urgentemente a leitura dos textos de Schelling sobre o método do estudo acadêmico. Em meio à sua proposta de filosofia da identidade há por descobrir muitas razões para aquilo a que cheguei a partir de pressupostos inteiramente diferentes; é espantoso como a situação do assunto, em pauta no ano de 1803, no ponto culminante do movimento filosófico alemão, não diferia tanto assim dos seus termos atuais, em que a filosofia já não exerce a mesma autoridade. Aos futuros professores não caberia tanto converter-se a algo que lhes é estranho e indiferente, mas sim seguir as necessidades que se impõem no seu trabalho, impedindo que desapareçam por pretensas imposições do estudo. O espírito encontra-se hoje numa situação mais questionável do que então, e seria esquisito pregar idealismo, mesmo que ele ainda mantivesse sua atualidade filosófica perdida. Mas o próprio espírito, não se restringindo àquilo que é fatal, porta em si aquele impulso de que subjetivamente se precisa. A obrigação de entregar-se ao movimento desse impulso foi subscrita por todo aquele que optou por uma profissão intelectual. Essa obrigação não deveria ser menos honrada do que aquela de proceder conforme os regulamentos da prova. Ninguém, mascarando como sendo superioridade uma atitude de frieza, deveria negar o que procurei expressar, embora talvez sem conseguir fazê-lo com a clareza requerida. Seria melhor procurar aquilo que cada um deve ter prometido a si mesmo ou esperado de si próprio. É preciso não se conformar com a constatação da gravidade da situação e a dificuldade de reagir frente a ela, mas refletir acerca dessa fatalidade e as suas consequências para o próprio trabalho, inclusive o exame. Este seria o começo daquela filosofia que se oculta somente àqueles que se encontram obnubilados frente aos motivos pelos quais ela se oculta a eles.

NOTA

1. Algumas cartas obrigam-me a uma explicação. Não penso que a formação cultural [*Bildung*] consiste em que qualquer concordância do dialeto seja convertida em uma linguagem culta impositiva. A experiência mais simples,

por exemplo, a província de Viena, ensina a que ponto o conteúdo humano da linguagem se realiza precisamente em tais formas de concordância. Mas a diferença entre uma língua alemã que retira o dialeto de sua rudeza, na medida em que assume seus traços de um modo conciliador, e um idioma em que ambos os estratos da linguagem permanecem irreconciliáveis, e em que o rigor pedante é destratado por restos do dialeto disforme, esta diferença é relativa ao todo. É idêntica à diferença entre a cultura nos termos em que conserva e supera em si o que corresponde à natureza, e um mecanismo de opressão real que se prolonga no espírito. Sob o seu jugo o natural que foi reprimido só retoma desfigurado e destrutivo. A formação cultural de uma pessoa se revela justamente pela possibilidade de perceber tais nuances: se ele possui um órgão para a linguagem.

Televisão e formação

Kadelbach — Ultimamente a televisão ocupou um espaço crescente nas discussões relacionadas à formação de adultos. Durante muitos anos as Escolas Superiores de Educação Popular [*Volkshochschulen*] que ofereciam formação para adultos consideraram-se prejudicadas pela televisão, alegando que o público teria se afastado pela entrada em cena desse novo meio de comunicação de massas.

No curso dos últimos dois anos tentou-se sair dessa situação conflitiva, procurando-se tematizar a televisão sobretudo em sua relação com a formação de adultos. O presidente das Escolas Superiores de Educação Popular da Alemanha, Hellmut Becker, tomou posição em relação ao tema no artigo "Televisão e formação" na revista *Merkur*. Paralelamente, muitos grupos de trabalho no âmbito da própria televisão e grupos de intercâmbio com esta no âmbito das Escolas Superiores de Educação Popular revelaram que esse veículo já não é visto a partir de uma perspectiva de confronto, mas que se procura estreitar as relações e a convivência com ele.

Naturalmente a isso relaciona-se todo um conjunto de questões e inter-relações pedagógicas, metodológicas e até mesmo epistemológicas. Assim, fomos motivados a debater a fundo a questão da televisão e da formação. Uma tal ordem de problemas não pode ser abordada e explicada exclusivamente pela perspectiva prática. Por isso pedimos a colaboração do professor Theodor Adorno, filósofo e sociólogo de Frankfurt, para participar nesta discussão com o professor Becker. Os conhecimentos do professor Adorno em relação à televisão provêm de um estudo analítico meticuloso desse veículo nos Estados Unidos, onde procurou investigar os programas de televisão e seu público. Penso que estes dois enfoques, o ponto de vista prático e o prisma do observador analítico, poderão proporcionar a este debate boas perspectivas de discussão e de orientação.

Senhor Adorno, o senhor conhece os esforços de aproximação realizados pelas Escolas Superiores de Educação Popular em relação à televisão. Qual é a sua opinião a respeito?

Adorno — Começo destacando que o conceito de formação possui um duplo significado em face da televisão, e espero não ser considerado pedante ao me deter na distinção desses dois significados.

Por um lado, é possível referir-se à televisão enquanto ela se coloca diretamente a serviço da formação cultural, ou seja, enquanto por seu intermédio se objetivam fins pedagógicos: na televisão educativa, nas escolas de formação televisivas e em atividades formativas semelhantes. Por outro lado, porém, existe uma espécie de função formativa ou deformativa operada pela televisão como tal em relação à consciência das pessoas, conforme somos levados a supor a partir da enorme quantidade de espectadores e da enorme quantidade de tempo gasto vendo e ouvindo televisão. Contudo, é importante ressaltar que as pesquisas ainda não encontraram uma resposta específica à pergunta tão popular nos Estados Unidos: "*What television does to people?*" [Que efeitos a televisão provoca nas pessoas?]. Talvez possamos retornar ao tema posteriormente.

Se houve alguma espécie de controvérsia entre as posições de meu amigo Becker e as minhas, certamente devem-se a que em seus trabalhos ele se interessou pelo significado pedagógico específico da televisão, enquanto, como sociólogo da educação, preocupei-me mais com os efeitos de transmissões sem objetivo educacional explícito, principalmente encenações televisivas. É necessário esclarecer bem esta questão, para eliminar falsas querelas. Além disso, gostaria de acrescentar que não sou contra a televisão em si, tal como repetidamente querem fazer crer. Caso contrário, certamente eu próprio não teria participado de programas televisivos. Entretanto, suspeito muito do uso que se faz em grande escala da televisão, na medida em que creio que em grande parte das formas em que se apresenta, ela seguramente contribui para divulgar ideologias e dirigir de maneira equivocada a consciência dos espectadores. Eu seria a última pessoa a duvidar do enorme potencial da televisão justamente no referente à educação, no sentido da divulgação de informações de esclarecimento. A meu ver, o ponto de partida para uma discussão como esta estaria em situar-se de modo equidistante, tanto, por um lado, do pensamento daqueles que consideram apropriado não deixar entrar em casa algo assim, quanto, por outro, daqueles que dizem: "Sou uma pessoa moderna, e por isto mesmo, superficial", e que nesta medida cultivam a televisão por considerá-la moderna. Pois, para começar, o que é moderno na televisão certamente é a técnica de transmissão, mas se o conteúdo da transmissão é ou não é moderno, se corresponde ou não a uma consciência evoluída, esta é justamente a questão que demanda uma elaboração crítica.

Becker — Creio que nessa base poderemos concordar com relativa facilidade, na medida em que meu interesse é evitar que, a partir da resistência que a televisão encontra entre os intelectuais e pedagogos na Alemanha, ela possa desenvolver com mais facilidade ainda suas danosas consequências específicas. Todos conhecem o ditado segundo o qual o dinheiro se vinga preferencialmente em quem o despreza. Analogamente me parece ser o perigo de muitos intelectuais e professores alemães que dizem: "nós não temos televisão para evitar a interferência em nosso ambiente íntimo", quando a resistência leva o filho do intelectual ou do professor a assistir à tevê na casa do operário nas proximidades e submeter-se sem qualquer preparo àquele veículo. Penso que o importante é nos conscientizarmos tanto da função educacional a que o senhor se referiu, da função educativa de esclarecimento da televisão, quanto do perigo da sedução que ela representa, e que a partir dessa dupla consciência se gerem instituições apropriadas a ensinar televisão, ou seja, introduzir ao uso deste veículo de comunicação de massa, seja na educação de adultos, seja na escola.

Kadelbach — Essa é uma referência ao público espectador, senhor Becker?

Becker — Creio que isso vale também para os que fazem tevê. Quando se afirma que a televisão deve servir ao entretenimento, à informação e à educação, então pressupomos que entretenimento, informação e educação colaboram na formação do desenvolvimento humano, isto é, do espectador e do ouvinte. Por isso não pode ser indiferente à opinião pública o que acontece efetivamente na tevê em termos de entretenimento, informação e educação. A pergunta que se coloca para a opinião pública é: como podemos conseguir que o efeito de esclarecimento da televisão se amplie e os perigos que ela representa se reduzam a um mínimo inevitável.

Kadelbach — Talvez o senhor possa detalhar melhor sua concepção do "efeito de esclarecimento" da televisão. O senhor se refere à parte informativa desse veículo ou entende a questão num sentido mais amplo?

Becker — Eu diria que a televisão pode significar esclarecimento num sentido bastante direto. Ao mesmo tempo, é preciso ter muita clareza em relação a que nesses planos naturalmente diminui a capacidade de organizar os acontecimentos, motivo pelo qual na mesma situação em que são maiores os efeitos de esclarecimento da televisão, também se manifesta mais fortemente seu poder de sedução. É isto que torna o problema tão importante e tão difícil.

Kadelbach — Se entendi corretamente, a sua proposta é conseguir com que o maior número de pessoas aprenda a entender essa função de esclarecimento da tevê e aprenda a relacioná-la à sua própria existência ou personalidade ou vida. Isso é correto?

Becker — Sim, e principalmente as pessoas que "fazem" tevê precisam refletir profundamente acerca de sua atividade.

Adorno — Creio que o conceito de informação é mais apropriado à televisão do que o conceito de formação, cujo uso implica certos cuidados, e que provavelmente não é tão apropriado em relação ao que acontece na tevê.

Além disso, penso que a informação ultrapassa o mero plano da transmissão de fatos. Por exemplo: quando se viu efetivamente o que ocorreu no Parlamento junto ao episódio referido a respeito no semanário *Der Spiegel* e se manteve o poder de reflexão a respeito, certamente se obteve uma exposição sobre o assunto que possibilita um melhor juízo a seu respeito do que quaisquer longos discursos acerca de procedimentos a serem usados na efetivação legislativa de projetos de lei.

De resto, estou totalmente de acordo com seu ponto de vista, senhor Becker, pelo qual é necessário ensinar os espectadores a verem televisão. O quanto eu concordo com o senhor pode ser verificado a partir do título — um pouco irônico, é bem verdade — do estudo que fiz nos Estados Unidos sobre a televisão: "How to look at television?", que significa "Como ver tevê?". Mas, abstraindo da ironia do título sem injuriar nossos espectadores, percebe-se a existência da questão de fundo: como ver tevê sem ser iludido, ou seja, sem se subordinar à televisão como ideologia. Em outros termos: o ensino que o senhor sugeriu na discussão acerca desses veículos de comunicação de massa não deveria consistir apenas em aprender a escolher o que é certo, e na sua apreensão por meio de categorias, mas, desde o início, esse ensino deveria desenvolver as aptidões críticas; ele deveria conduzir as pessoas, por exemplo, à capacidade de desmascarar ideologias; deveria protegê-las ante identificações falsas e problemáticas, protegendo-as sobretudo em face da propaganda geral de um mundo que a mera forma de veículos de comunicação de massa dessa ordem já implica como dado.

Kadelbach — Posso interrompê-lo por um momento, senhor Adorno? O senhor referiu-se a que a televisão ela mesma poderia ser uma ideologia, para em seguida utilizar mais uma vez o mesmo termo ideologia exatamente no contexto do perigo em subordinar-se a uma ideologia. No sentido de proporcionar clareza conceitual, talvez fosse apropriado o senhor explicar o que entende por "televisão como ideologia"?

Adorno — Em primeiro lugar, compreendo "televisão como ideologia" simplesmente como o que pode ser verificado, sobretudo nas representações televisivas norte-americanas, cuja influência entre nós é grande, ou seja, a tentativa de incutir nas pessoas uma falsa consciência e um ocultamento da realidade, além de, como se costuma dizer tão bem, procurar-se impor às pessoas um conjunto de valores como se fossem dogmaticamente positivos, enquanto a formação a que nos referimos consistiria justamente em pensar problematicamente conceitos como estes que são assumidos meramente em sua positividade, possibilitando adquirir um juízo independente e autônomo a seu respeito. Além disso, contudo, existe ainda um caráter ideológico-formal da televisão, ou seja, desenvolve-se uma espécie de vício televisivo em que por fim a televisão, como também outros veículos de comunicação de massa, converte-se pela sua simples existência no único conteúdo da consciência, desviando as pessoas por meio da fartura de sua oferta daquilo que deveria se constituir propriamente como seu objeto e sua prioridade. Essa espécie de instrução para ver tevê que constitui a sua sugestão, senhor Becker, deveria imunizar tanto quanto possível as pessoas em relação a esse caráter ideológico desse veículo de comunicação, antes de se referir a qualquer outra ideologia em especial.

Becker — Posso sugerir uma versão bem direta da questão? Penso que no fundo existe o perigo de os jovens procurarem imaginar o amor, por exemplo, tal como ele é apresentado na tevê, isto é, assumam para relações humanas muito diretas representações estereotipadas antes que eles mesmos as tenham vivido. E que em seu próprio desenvolvimento procedam fixados em representações estereotipadas.

Kadelbach — Apresentação prévia de substitutivos.

Becker — Justamente, e a questão relativa a como enfrentar esta situação coloca-se muito mais em relação a novelas de televisão do que em relação a programas acerca de assuntos políticos.

Adorno — Muito bem!

Becker — Precisamente porque a política, ao menos tal como se apresenta na tevê entre nós, é apresentada com forte acentuação nos debates, apresentando pontos de vista divergentes entre si, enquanto no relativo às posições fundamentais na vida cotidiana expressas nessas novelas, são veiculadas coisas que se transferem com muito mais força ao inconsciente, a partir do que, obviamente, tornam-se muito mais perigosas.

Adorno — Em minha opinião, no fundo, em sua configuração usual, essas novelas são politicamente muito mais prejudiciais do que jamais foi nenhum programa político.

Becker — Certo. Se hoje eu fosse fazer um filme sobre o Terceiro Reich, não mostraria as tropas da SA em marcha, mas procuraria apresentar trechos de filmes de amor rodados naquele período, e provavelmente nestes termos nos acercaríamos do clima do Terceiro Reich de um modo muito mais sutil. Mas a pergunta que se apresenta em programações desse tipo é: a televisão pode ser melhor do que a sociedade em que ela se encontra? Ela poderia, por assim dizer, atuar sobre a sociedade, ou então, para usar uma terminologia usual, funcionar como "instituição moral", ou trata-se meramente de um espelho da sociedade?

Adorno — Em relação a essa questão, é possível afirmar de um modo geral que uma instituição tão prestigiada pela sociedade como a televisão evidentemente está comprometida em sua própria ontologia com a sociedade. Mas penso que neste assunto é preciso evitar uma reflexão mecânica. Na medida em que uma série de pessoas, com posições críticas, autônomas e frequentemente até oposicionistas, colaboram na produção dos programas, torna-se possível romper em certo sentido as barreiras do existente simplesmente apoiando-se nas relações pessoais específicas e sobretudo na competência técnica de pessoas que têm o que dizer e fazer quanto a este assunto.

Enquanto existirem pessoas tecnicamente competentes em televisão que percebem que certas encenações, como as peças de Beckett, por exemplo, são particularmente apropriadas a esse veículo de comunicação de massa, pessoas além disso dotadas de energia suficiente para programar o *Último elo* de Beckett pelo rádio e pela tevê, em vez de veicular uma família comum dessas que tem nome diferente conforme a região, então eu diria que uma tal programação vai além da tevê nos termos vigentes, podendo contribuir para transformar a consciência das pessoas. Paradoxalmente, a relativa fixação das burocracias no interior de determinadas instituições da indústria cultural permite a essas instituições se comportar de maneira menos conformista do que se estivessem sob um controle aparentemente democrático.

Becker — Gostaria de relatar um exemplo extremamente interessante que a UNESCO promove, por enquanto apenas nas regiões mais atrasadas dos países civilizados. Como se sabe, a cinquenta ou sessenta quilômetros de Paris existem aldeias em que não há sequer água corrente, quanto mais saneamento ou coisa semelhante, onde as pessoas vivem num estado de consciência inimaginável a sessenta quilômetros de Paris. Nesses locais a UNESCO instalou experimentalmente aparelhos comunitários de televisão. A população da aldeia se reuniu em torno à tevê, e certas personalidades foram convidadas a discutir determinados programas com a população. Verificou-se que, a partir disto, poderia ser implantada uma espécie de urbanização abrangente, que talvez não representasse uma formação cultural no sentido clássico, mas que para essas pessoas desempenhou uma função formativa decisiva para a participação na vida atual.

Não quero chegar ao ponto de afirmar que considero inevitável que, por exemplo, nos países em desenvolvimento, as pessoas assistam à tevê antes de serem alfabetizadas. Porém, na prática, a situação é esta, e nesta medida a televisão converte-se em um meio com que esta sociedade em que vivemos se adapta a si mesma. Evidentemente, senhor Adorno, desenvolvem-se neste plano todos os problemas relacionados ao processo de adaptação em geral. Por um lado, acontece por essa adaptação algo de essencial ao funcionamento de nosso mundo moderno. Por outro, acontece algo de muito perigoso, a que o senhor repetidamente atentou.

Adorno — Para não haver mal-entendidos, destaco que considero as coisas relatadas pelo senhor como sendo totalmente inofensivas. Se em regiões tão atrasadas em meio a países de resto altamente desenvolvidos, a televisão possa induzir os trogloditas a abandonarem suas cavernas, eu me alegraria acerca dessa situação tanto quanto o senhor. Nos termos de minha crítica à televisão, não me opus a que ela torne as cavernas dos trogloditas mais desagradáveis, pois uma casa higiênica me apraz mais do que uma caverna simpática. Localizo o perigo em questões bem diversas. Exatamente em que, por toda a parte onde a televisão aparentemente se aproxima das condições da vida moderna, porém ocultando os problemas mediante rearranjos e mudanças de acento, gera-se efetivamente uma falsa consciência. Nem considero tão prejudicial assim o aprendizado do amor a partir da televisão, pois com frequência podemos ver moças muito bonitas na tevê e, afinal, por que os adolescentes não deveriam se apaixonar por moças tão bonitas? Não considero isso perigoso. Mesmo que por essa via aprendam certos costumes eróticos, isso não seria desvantajoso. Valéry disse certa feita que no fundo o amor é aprendido nos livros, e o que vale para os livros também deveria bastar à televisão.

Kadelbach — (E bons costumes sempre são úteis.)

Adorno — E bons costumes sempre são úteis.

Kadelbach — A pergunta que se coloca é se de fato aprendem bons costumes.

Adorno — Provavelmente até certo ponto sim, ainda que seja de uma maneira muito superficial e meramente exterior, mas que, tal como os autênticos processos de formação, avançam muito mais de fora para dentro do que inversamente, como o pretende a ideologia. Contudo, quero destacar também o que considero ser o perigo específico. Trata-se de algo relativo ao conteúdo, que nada mais tem a ver com o veículo técnico de comunicação de massa. Trata-se dessas situações inacreditavelmente falsas, em que aparentemente certos problemas são tratados, discutidos e apresentados, para que a situação pareça ser atual e as pessoas sejam confrontadas com questões substantivas. Tais problemas são ocultos sobretudo na medida em que parece haver soluções para todos esses problemas, como se a amável vovó ou o bondoso tio apenas precisassem irromper pela porta mais próxima para novamente consertar um casamento esfacelado. Eis aqui o terrível mundo dos modelos ideais de uma "vida saudável", dando aos homens uma imagem falsa do que seja a vida de verdade, e que além disso dando a impressão de que as contradições presentes desde os primórdios de nossa sociedade poderiam ser superadas e solucionadas no plano das relações inter-humanas, na medida em que tudo dependeria das pessoas. Penso que mesmo onde há apenas vestígios de uma tal tendência de harmonização do mundo, é preciso se contrapor com muito vigor à mesma, e justamente os intelectuais, via de regra tão malvistos como desagregadores, prestam um grande serviço à humanidade quando denunciam embustes dessa ordem.

Becker — Portanto, o senhor concordaria comigo que a frase de um teólogo protestante — "a televisão precisa mostrar uma vida familiar positiva" — significa exatamente o que não queremos na tevê, ou seja, a representação da ilusão no lugar da apresentação da realidade dos problemas reais.

Adorno — Considero essa frase do teólogo tão horrenda que, se precisasse caracterizá-la, me faltariam os termos diplomáticos exigidos pelo código vigente das telecomunicações.

Kadelbach — Senhores, trata-se, contudo, de questões usuais de comportamentos e de costumes. Vejo um perigo suplementar na existência em amplos círculos da opinião pública cultivada de uma expectativa em relação a que a televisão ofereça não só máximas de comportamento como estas, mas também desenvolva valores e padrões normativos que serviriam de referencial para todas as críticas, avaliações e enquadramentos. Ou, para ser ainda mais contundente, algo também conhecido do senhor Becker a partir das discussões nas Escolas de Formação Popular: atribuir à televisão a tarefa de tornar o mundo melhor, mais belo, nobre e verdadeiro com o auxílio das oportunidades inacreditáveis que, ao que se afirma, se baseariam nesse veículo de comunicação de massa.

Becker — Eu diria que a chance principal desse veículo está em, quando corretamente utilizado, possibilitar o encontro com a realidade e não com a ilusão, e seu perigo maior está em possibilitar o encontro com a ilusão no lugar da realidade. Neste sentido, todos os programadores de televisão têm uma responsabilidade decisiva em não pedagogizar a televisão em razão de sua função formativa.

Adorno — Gostaria de acrescentar uma referência à estética. Não há dúvida que o importante é contrapor-se, na televisão, à ideologização da vida, e eu seria o último a amainar esta exigência que o senhor expressou. Ao contrário, eu até mesmo a radicalizaria. Mas em relação a essa questão, deveríamos nos precaver do equívoco segundo o qual o que designamos como consciência da realidade precisa ser apresentado necessariamente com os meios de um realismo artístico. Justamente porque o mundo dessa televisão é uma espécie de pseudorrealismo, porque até mesmo o último detalhe da televisão é perfeito, e o público reclamaria se em qualquer instrumento técnico algo não fosse exatamente perfeito, provavelmente por isso, no veículo televisivo, a possibilidade de despertar a consciência da realidade vincula-se em grande parte à desistência em reproduzir mais uma vez a realidade superficial cotidiana visível em que vivemos. O embuste a que há pouco nos referimos consiste precisamente em que essa harmonização da vida e essa deformação da vida são imperceptíveis para as pessoas, porque acontecem nos bastidores. Uso o termo "bastidores" num sentido amplo. Eles são tão perfeitos, tão realistas, que o contrabando ideológico se realiza sem ser percebido, de modo que as pessoas absorvem a harmonização oferecida sem ao menos se dar conta do que lhes acontece. Talvez até mesmo acreditem estar se comportando de um modo realista. E justamente aqui é necessário resistir.

Becker — Isto afeta até o mundo da propaganda. Nós temos um tipo de propaganda que em seu primeiro plano é totalmente realista, e eu me convenci inteiramente quando recentemente li que a UNESCO sugeriu a uma empresa telefônica, que solicitou a ela um pequeno filme de propaganda, apresentar uma senhora bem-vestida com um carneiro nos braços, dizendo "este carneiro é um telefone", para deste modo fazer propaganda do telefone. Precisamente o contrário daquilo que o senhor quis dizer com o seu realismo.

Kadelbach — Assim avançamos de modo decisivo, alcançando a possibilidade de distanciamento em relação a esse veículo de comunicação de massa, e basta o simples tamanho da tela para tornar impossível apresentar de maneira realista uma cópia da vida.

Adorno — Só que não se toma proveito suficiente desse fato.

Becker — Muito pouco!

Kadelbach — Creio que foi Cocteau quem lembrou que rastros na neve e uma folha que cai podem contar uma história. É preciso justamente atentar mais para essa utilização de símbolos com distanciamento, cujo aprendizado, aliás, também seria importante para os produtores e para os espectadores.

Becker — Poderíamos investigar muito mais a fundo tudo isso se dispuséssemos de um controle mais intensivo da transmissão por meio de pesquisas específicas. É digno de nota que na Alemanha, por exemplo, se façam pesquisas para descobrir se as pessoas gostaram do programa, o que pessoalmente considero relativamente desinteressante. Por outro lado, consideraria muito interessante se existissem pesquisas que acompanhassem durante anos toda uma série de programas, que investigassem sociologicamente os efeitos dessas programações sobre determinados grupos de pessoas. Creio que uma tal "pesquisa de controle" de longo prazo poderia servir para se aprender com mais precisão o que a televisão afinal promove ou o que ela provoca.

Adorno — Em relação a esse problema, a investigação sociológica empírica se encontra numa situação bem difícil. Pois até hoje, utilizando seus procedimentos mais sofisticados, ela conseguiu descobrir relativamente pouco acerca desse assunto. Provavelmente isso se deve a que justamente os processos profundos aos quais também o senhor Becker se referiu há pouco ocorrem de um modo tal que são dificilmente apreensíveis como efeitos de programas individuais ou seriados, mesmo usando os métodos mais aprimorados. É difícil assegurar-se daquilo que como processo inconsciente constitui propriamente o contrassenso.

Becker — Senhor Adorno, penso que o senhor mesmo, juntamente com Pollock e Horkheimer, revelou em suas discussões de grupo que existem métodos que, além de qualquer investigação quantitativa, são apropriados para expor à pesquisa sociológica determinadas camadas do inconsciente das pessoas.

Adorno — Sim, eu concordo. Entretanto, penso que nesta questão não avançamos muito mediante os procedimentos usuais de questionários, nem com as mais sofisticadas pesquisas de opinião, mas que aqui o método mais plausível efetivamente é a *content analysis* [análise de conteúdo], ou seja, a análise dos próprios fenômenos, em que seria possível inferir mais ou menos o significado das consequências dos fenômenos para as pessoas, mesmo que esse efeito não possa ser registrado. Nessa medida gostaria de chamar a atenção para que não se veja isoladamente a televisão, que constitui somente um momento no sistema conjunto da cultura de massa dirigista contemporânea orientada numa perspectiva industrial, a que as pessoas são permanentemente submetidas em qualquer revista, em qualquer banca de jornal, em incontáveis situações da vida, de modo que a modelagem conjunta da consciência e do inconsciente só pode ocorrer por intermédio da totalidade desses veículos de comunicação de massa. Sugiro efetivamente começar detendo-se na configuração do material e na sua integração, para exercer a crítica a partir deste ponto, sem confiar em que, com os métodos positivistas usuais seja possível registrar essas coisas, sem confiar em que isso atue sobre as pessoas efetivamente *hic et nunc* [aqui e agora] diretamente como se poderia supor a partir da análise deste material. Contudo, esses talvez sejam detalhes acerca das técnicas de investigação que podem ser deixados de lado aqui. Mas um ponto é fundamental: o fato de não podermos demonstrar com precisão como essas coisas funcionam naturalmente não significa uma contraprova desse efeito, mas apenas que ele funciona de modo imperceptível, muito mais sutil e refinado, sendo por isso provavelmente muito mais danoso.

Becker — Além disso, creio mesmo assim ser necessário atribuir um plano muito maior a essa pesquisa, apesar de todas as dificuldades. Seria preciso esclarecer também o que, no efeito relatado da televisão, falta em especial entre nós, por exemplo, revistas que introduzam mais objetivamente à programação, possibilitando ao espectador uma opção de escolha muito mais consistente e, principalmente, uma programação fundamentada com muito mais força nos possíveis efeitos que provoca e assim por diante. Tudo isso pressupõe uma pesquisa orientada justamente para esses problemas, tomando-se apenas o cuidado de evitar respostas padronizadas. Mas a pesquisa é necessária de um modo totalmente diferente, porque numa instituição de formação — o que aliás se aplica ao conjunto de toda a formação de adultos que não é centrada em exames — os resultados são controlados somente por meio de uma investigação científica. Na ausência de controle, toda a instituição poderia se perder, por assim dizer, em suas próprias ilusões. Portanto, insisto na necessidade desse tipo de pesquisa, tanto para os resultados do trabalho das Escolas de Formação Popular, quanto para os efeitos da televisão.

Kadelbach — Talvez haja um campo em que isto possa ser praticado em breve. Existem preparativos para a introdução de uma televisão educativa, e uma série de classes, incluindo seus professores, foi interrogada detalhadamente a esse respeito. No início de nossa discussão, o senhor Becker afirmava que muitos professores temiam que a esfera íntima da educação pudesse ser perturbada pela invasão da sala de aula pela televisão. Talvez justamente aqui se localize uma base para desenvolver critérios e métodos que poderiam depois se tornar exemplares para casos semelhantes e subsequentes.

Becker — Também penso assim. Creio que, obviamente, a televisão educativa precisa se subordinar a condições especiais. Os resultados de pesquisa que se tem em mente, ao se examinar a televisão educativa neste sentido mais detidamente, não possibilitam uma transferência automática para outros âmbitos. Isso pode ser concluído já a partir do fato de que a televisão educativa se inclui em moldes inteiramente diferentes em uma instituição fechada. Pessoalmente considero a tevê educativa como um meio de formação que deveria ser introduzido na escola, precisamente porque oferece a possibilidade de incluir na escola de modo estimulante um ensino particularmente qualificado.

Nos Estados Unidos acompanhei algumas dessas experiências de televisão educativa e, ao contrário do que imaginava anteriormente, ou seja, que seria muito difícil transmitir a intensidade de uma boa aula através da televisão, o que ocorre é que a aula, naturalmente muito mais bem preparada e muito mais cuidadosamente executada para ser televisiva, tem um grande poder de atração, provocando assim o risco de que os alunos poderiam a seguir se entediar com as aulas normais. Por outro lado, é preciso deixar bem claro que a suposição de economizar professores na escola tradicional por meio da televisão é incorreta. Um ensino através da televisão evidentemente só funciona de modo correto quando um professor presente à transmissão discute e explica o que foi apresentado. Além disso, penso que numa época de perda de qualidade, a televisão representa a oportunidade de uma multiplicação da qualidade pela ampliação constante da formação cultural. De certo modo, é difícil deixar de lado essa possibilidade, porque ainda não formamos um contingente suficiente de pessoas qualificadas para corresponder às demandas numericamente crescentes sobre o sistema formativo educacional. Evidentemente, a televisão educativa tem a vantagem do controle imediato. Nos Estados Unidos isso é feito ao se reunir os professores que acompanham essas aulas num âmbito maior em intervalos regulares com o "professor televisivo". Nessa ocasião ocorre uma crítica bastante forte ao programa específico, que evidentemente precisa provocar efeitos positivos sobre a programação subsequente. Penso que isso serve também para uma conclusão importante sobre a televisão em geral: que tanto a crítica como a repetição representam uma oportunidade muito grande da televisão. Até agora, com *um* programa nós imaginávamos que a repetição seria algo problemático. Agora constatamos que, por exemplo, um ótimo curso de formação de professores de Física, dotado de experimentos excelentes, pode tranquilamente ser repetido após um ano. Ele não se tornou pior por causa disso e encontra muitos novos interessados. Contudo, isso pressupõe toda uma nova organização de programação em face da existente até então, apontando, inclusive, para além da televisão educativa, a pergunta relativa a se vale a pena ter determinados programas de formação na televisão.

Adorno — Gostaria de ainda acrescentar algo à questão da televisão educativa. A questão levantada aqui é muito complexa. De um lado, o chamado imediatismo do ensino, aquilo que se denomina "situação de transferência" entre o professor e os alunos. Por outro, a possibilidade de um ensino técnica e qualitativamente muito aperfeiçoado mediante uma televisão centralizada. Questões como essa, em que os prós e contras dificilmente podem ser avaliados pela mera reflexão, constituem o caso ideal daquilo que pode ser decidido mediante a investigação empírica. Seria bastante fácil imaginar uma situação experimental em que a mesma matéria, Física, por exemplo, é transmitida a um grupo de crianças por meio de bons professores na sala de aula, e a seguir oferecida pela televisão educativa. Seria preciso investigar em qual desses cursos as crianças aprenderam mais, entrevistando na sequência as crianças e comparando-se os resultados. Coisas assim podem ser medidas com métodos investigativos precisos. Em outras palavras: o lado informativo da televisão, que nos parece ser o mais produtivo, é simultaneamente aquele que se expõe mais facilmente às modernas metodologias de pesquisa, possibilitando efetivamente decidir entre o que apresenta de bom e de ruim. Com base nos resultados seria possível inclusive introduzir aperfeiçoamentos específicos ou soluções intermediárias, combinações e toda uma gama de opções desse tipo. Porém interrompi o senhor Becker justamente quando queria referir-se a um problema muito relevante e igualmente difícil, ou seja, as programações orientadas para grupos específicos e a televisão formativa.

Becker — Eu pretendia abordar a questão do sentido de produzir determinados programas formativos, ou seja, a concepção do "terceiro programa" nos termos da televisão. Considero muito perigoso concentrar a concepção de formação cultural em um programa, liberando, por assim dizer, os outros programas da responsabilidade pela função formativa da televisão. Isto deve ser evitado. Embora na programação televisiva vigente sejam levados em conta os problemas específicos que se apresentam, por exemplo, na formação de adultos, sempre quando acontece uma manifestação dessa ordem num programa específico, os efeitos poderiam muito bem influenciar a programação televisiva como um todo. Acho que foi Klaus von Bismarck quem introduziu a expressão programa para "minorias qualificadas". Em minha opinião elas não constituem uma minoria qualificada única, mas sim minorias qualificadas conforme a estrutura do programa.

Kadelbach — Aqui é necessário perguntar: quem qualifica as minorias que se consideram qualificadas?

Becker — Ao que tudo indica, elas se qualificam a si mesmas, por exemplo, na medida em que se dispõem a aprender russo pela tevê, ou então assistir a uma exposição de Hellmut Becker e Theodor Adorno.

Adorno — O problema que o senhor abordou é efetivamente central, e a partir dele é possível aprender algo das contradições em nossa sociedade. Aliás, isso vale não só para a tevê, mas também para o rádio, por exemplo para programas musicais, para tudo o que se relaciona a essa "terceira programação" das rádios. Trata-se de uma questão que conheço bem, sobretudo no que se refere à música moderna. Neste caso, o que expus em contextos de sociologia da música, que nada tem a ver com esta nossa discussão, por meio dessa especialização de programas ocorre um reforçamento da "neutralização da cultura". Ou seja, justamente o que é novo, o que é avançado, o que é espiritual passa a ser desvalorizado e marcado como questão para "especialistas" — termo que permite evitar a horrorosa expressão "gostos refinados". Mas do outro lado encontra-se a pressão plebiscitária de incontáveis ouvintes e espectadores, cuja única preocupação está em não serem subestimados, pressão tão forte que acaba eliminando as coisas mais importantes da programação. A antinomia social consiste precisamente na enorme distância entre a qualidade intelectual, de um lado, e as demandas dos consumidores, por sua vez já manipuladas, por outro. Se eu fosse diretor de programação, começaria a ter noites de insônia. Como felizmente sou apenas um pensador teórico, diria que é necessário tentar ambas as coisas: por um lado, é preciso dar abrigo na televisão às coisas que não correspondem aos interesses do grande público, como os programas qualificados para minorias. Estes, contudo, não devem ser hermeticamente fechados, mas, mediante uma política de programação inteligente e consequente, precisam ser levados ao contato das outras pessoas, no que provavelmente o meio do choque, o meio da ruptura será mais produtivo do que o gradualismo, embora também nesta questão haja a "formação da tradição". Lembro nesta oportunidade o que aconteceu no plano da música: Hübner desenvolveu em Hamburgo, já há muito tempo, um determinado programa com música de qualidade exponencial, a "nova obra". Com um planejamento consequente de longo prazo, gradualmente se formou um grande público para os concertos, inclusive frequentando o auditório da Rádio de Hamburgo. Penso que seria possível desenvolver algo semelhante no âmbito da televisão, inclusive porque no plano visual as resistências são menores que no plano musical. Seria preciso estabelecer um planejamento comum adequado entre os setores que se encarregam da programação para as minorias qualificadas e os responsáveis pela programação para o grande público, discutindo os problemas, inclusive sociológicos, que se apresentam neste plano. Quem sabe com programações orientadas por essa via poderíamos até abrir uma brecha na barreira do conformismo?

Becker — E justamente nessa questão seria decisivo ocupar-se do problema relativo ao que acontece com as pessoas depois de assistirem aos programas. O que acabei de relatar no caso das aldeias perto de Paris se repetiria agora num plano totalmente diverso, não necessariamente nos termos da recepção comunitária, mas talvez sob a forma do encontro de grupos que levam em frente as coisas que apreenderam com a televisão, na medida em que uma das experiências fundamentais da formação de adultos consiste em que a integração só ocorre a partir de uma tomada de posição própria. Na medida em que não se apresente um espaço organizatório próprio para esse posicionamento individual, há o risco de que as coisas também não sejam absorvidas nem mesmo entre as minorias qualificadas.

Kadelbach — Por tal perspectiva fica claro que pessoas e grupos das Escolas de Formação Popular se coloquem à disposição dos produtores da programação televisiva para que as matérias veiculadas na tevê sejam aprofundadas, meditando a seu respeito, interiorizando-as e interagindo com elas, para não permanecerem meras declamações vazias, possibilitando ao menos, em seus termos iniciais, o que se chama de formação cultural.

Adorno — Para terminar, sem parecer imodesto e por mais parcial que isto seja, gostaria de apresentar algumas conclusões desta conversa.

O veículo técnico da televisão é novo. Mas os atuais conteúdos, procedimentos e tudo o que se relaciona a eles ainda são mais ou menos tradicionais.

Pelo prisma do veículo de comunicação de massa a tarefa que se coloca seria encontrar conteúdos e produzir programas apropriados em seu conteúdo para esse veículo, e não impostos a ele a partir de seu exterior. Essa talvez seja a grande contribuição de nosso debate: tudo o que elaboramos positivamente — o significado do elemento informativo e documentário, a importância da montagem e do distanciamento frente ao realismo, a importância de uma interação entre pesquisa e produção, o rompimento de toda a esfera íntima da escola e por fim a interação entre programas especiais e programação geral —, que são inovações que parecem estar em conformidade com a configuração social e tecnológica específica desse veículo de comunicação de massa, e que todos parecem se opor a tentativas de copiar ou divulgar em sua forma ou em seu conteúdo quaisquer bens culturais tradicionais por meio da televisão. Nesses termos apresentaria uma espécie de cânone ou linha de orientação para o que deveria ser o rumo da televisão, para que ela represente um avanço e não um retrocesso do conceito de formação cultural.

Becker — Isso precisa se refletir também na organização, nos grupos de controle e de programação da televisão, cujos produtores precisam tematizar as questões a que o senhor se referiu. Na medida em que isso ocorrer, será possível uma televisão no sentido delineado pelo senhor.

Tabus acerca do magistério

O que irei expor constitui apenas a apresentação de um problema; nem é uma teoria constituída — para o que não tenho legitimidade por não ser pedagogo — nem tampouco o relato de resultados de investigações empíricas. Seria necessário acrescentar pesquisas ao que apresento, sobretudo estudos de casos individuais, principalmente em termos psicanalíticos. Minhas considerações prestam-se no máximo a tornar visíveis algumas dimensões da aversão em relação à profissão de professor, que representam um papel não muito explícito na conhecida crise de renovação do magistério, mas que, talvez até por isso mesmo, são bastante importantes. Ao fazê-lo, tocarei simultaneamente, ao menos por alto, numa série de problemas que se relacionam com o próprio magistério e sua problemática, na medida em que as duas coisas dificilmente podem ser separadas.

Permitam-me começar pela exposição da experiência inicial: justamente entre os universitários formados mais talentosos que concluíram o exame oficial, constatei uma forte repulsa frente àquilo a que são qualificados pelo exame oficial, e em relação ao que se espera deles após esse exame. Eles sentem seu futuro como professores como uma imposição, a que se curvam apenas por falta de alternativas. É importante ressaltar que tenho a oportunidade de acompanhar um contingente não desprezível de tais formados, com motivos para supor que não se trata de uma seleção negativa.

Muitos dos motivos de tal aversão são racionais e tão conhecidos que não preciso me deter neles. O principal é a antipatia em relação ao que se encontra regulamentado, ao que se encontra disposto por meio do desenvolvimento definido por meu amigo Hellmut Becker como dirigido à escola administrada. Existem também motivações materiais: a imagem do magistério como profissão de fome aparentemente é mais duradoura do que corresponde à própria realidade na Alemanha. A desproporção que registro por essa via parece-me, já me adiantando, típica para todo o conjunto em questão, caracterizado pelas motivações subjetivas da aversão contra o magistério, em especial as que são inconscientes. Tabus significam, a meu ver, representações inconscientes ou pré-conscientes dos eventuais candidatos ao magistério, mas também de outros, principalmente das próprias crianças, que vinculam essa profissão como que a uma interdição psíquica que a submete a dificuldades raramente esclarecidas. Portanto utilizo o conceito de tabu de um modo relativamente rigoroso, no sentido da sedimentação coletiva de representações que, de um modo semelhante àquelas referentes à economia, já mencionadas, em grande parte perderam sua base real, mais duradouramente até do que as econômicas, conservando-se, porém, com muita tenacidade como preconceitos psicológicos e sociais, que por sua vez retroagem sobre a realidade convertendo-se em forças reais.

Permitam fundamentar-me em alguns testemunhos triviais. A leitura de anúncios matrimoniais nos jornais — bastante elucidativa — revela que em seus anúncios professores ou professoras destacam que não são tipos professorais, que não são mestres de escola. Praticamente nenhum anúncio matrimonial proveniente de professor ou professora deixa de conter ressalvas atenuantes. — Outro exemplo: além do alemão, também outras línguas apresentam uma série de expressões degradantes para o magistério; o mais conhecido em alemão é *Pauker* [quem ensina com a palmatória como quem treina soldados a marchar pelas batidas nos tambores]; mais vulgar e também relacionado em alemão a instrumentos musicais é *Steisstrommler* [quem malha o traseiro]; em inglês, utiliza-se *schoolmarm* para professoras solteironas, secas, mal-humoradas e ressentidas. De uma maneira inequívoca, quando comparado com outras profissões acadêmicas como advogado ou médico, pelo prisma social o magistério transmite um clima de falta de seriedade. Além disso, a sociologia acadêmica e da educação pouco atentaram para a distinção que a população estabelece entre disciplinas com prestígio e desprestigiadas: entre as prestigiadas listam-se a Jurisprudência e a Medicina, e, sem dúvida, não consta o estudo da Filologia; nas faculdades de Filosofia, a exceção visível é a altamente prestigiosa História da Arte. Se estou bem informado — o que escapa ao meu controle por não ter acesso direto aos ambientes em questão —, num dos círculos hoje mais exclusivos, alegadamente o mais exclusivo de todos, os filólogos simplesmente são recusados. Nesta medida, conforme a percepção vigente, o professor, embora sendo um acadêmico, não seria socialmente capaz; quase poderíamos dizer: trata-se de alguém que não é considerado um "senhor", nos termos em que esse termo é usado no novo jargão alemão, aparentemente relacionado à alegada igualdade de oportunidades educacionais. Numa complementariedade peculiar parece encontrar-se o inabalado prestígio do professor universitário, apoiado inclusive em estatísticas. De um lado, o professor universitário como a profissão de maior prestígio; de outro, o silencioso ódio em relação ao magistério de primeiro e segundo graus; uma ambivalência como essa remete a algo mais profundo. Na mesma ordem de questões situa-se a proibição do título de "professor", negado na Alemanha pelos docentes universitários aos docentes do segundo grau (hoje chamados de *Studienräte*, algo como "conselheiro de estudos").* Em outros países, como a França, não existe essa diferenciação rigorosa dividindo um sistema, o que possibilita uma ascensão contínua. Não tenho condições de avaliar se isso influencia o próprio prestígio do magistério e os aspectos psicológicos a que me refiro.**

---

* Antigamente os docentes dos colégios também possuíam o título de *professor*, hoje restrito a quem é habilitado no concurso de livre-docência das universidades e nomeado professor universitário. (N. do T.)

** O sistema educacional alemão divide-se em dois ou três momentos, segundo o percurso do aluno:
O primeiro grau é o do ensino fundamental *(Grundschule)*, com a duração de seis anos para todos.
A seguir, o aluno frequenta um dos níveis seguintes do segundo momento da vida escolar, nível que é definido para cada aluno por uma série de fatores, que variam de um Estado para outro (a Alemanha é uma federação parlamentarista), normalmente com grande peso para a indicação dos professores:
1. Nível básico *(Hauptschule)*, com três anos de duração, completando a escolaridade mínima obrigatória no país: seis anos de ensino fundamental e três anos de nível básico.
2. Nível médio *(Realschule)*, com cinco anos. Após sua conclusão o aluno pode frequentar os cursos superiores profissionalizantes, com no máximo quatro anos de duração, como enfermagem, fisioterapia, fonoaudiologia, paramedicina, computação, secretaria executiva, comércio, contabilidade, engenharia operacional, laboratorista, química técnica e outros.
3. Nível colegial *(Gymnasium)*, que dura sete anos, orientado para as áreas de ciências exatas, biológicas ou as humanidades, e cuja conclusão é um exame instituído nacionalmente, o *Abitur* (cujo resultado é uma média das notas neste exame de três matérias — alemão, uma língua estrangeira e matemática — e as notas alcançadas no histórico escolar, conforme pesos variados), que dá direito a frequentar qualquer uma das universidades, onde se formam as profissões acadêmicas, como medicina, direito, engenharia plena, ciências humanas, filosofia etc. Para quem vem do nível médio ou do nível colegial — o nível básico conclui a escolaridade obrigatória de nove anos para os alunos "menos capazes" —, existe um terceiro momento. Para quem vem do nível médio — ao todo onze

Os que são mais diretamente afetados pela questão deveriam acrescentar a esses sintomas outros mais impositivos. Mas os mencionados até aqui deveriam bastar para possibilitar algumas especulações. Afirmei que na Alemanha a pobreza do professor é uma imagem do passado. Contudo, permanece inquestionavelmente a discrepância entre a posição material do docente e a sua exigência de *status* e poder, que deveriam lhe corresponder ao menos conforme prega a ideologia vigente. Essa discrepância não deixa de afetar o espírito. Schopenhauer atentou para essa situação no que se refere aos docentes universitários. Acreditava que o comportamento subalterno que constatava neles há mais de cem anos relacionava-se a seus péssimos salários. É preciso acrescentar que na Alemanha essa exigência de poder e status do espírito é em si problemática e nunca foi satisfeita. Haveria nisso a influência do tardio desenvolvimento burguês, da longa sobrevida do feudalismo alemão que não era propriamente afeito ao espírito, e que gerou a figura do mestre de escola como sendo um serviçal. A esse respeito gostaria de relatar uma história que me parece característica. Aconteceu em Frankfurt. Num encontro social elegante e burguês, a conversa chegou a Hölderlin e sua relação com Diotima. Entre os presentes havia uma descendente direta da família Gontard, muito idosa e inteiramente surda; ninguém a considerava capaz de participar dessa conversa. Repentinamente, ela tomou a palavra e disse uma única frase em bom dialeto de Frankfurt: "Sim, sim, sempre há uma má vontade

---

anos —, apresentam-se as escolas superiores profissionalizantes (uma espécie de *College*), após as quais é possível eventualmente frequentar alguma universidade. Para quem vem do colégio, alegadamente "os mais capazes", com treze anos de escolaridade, o terceiro momento é a universidade. As universidades são todas públicas, estatais e gratuitas na Alemanha, com uma única exceção referente a uma faculdade de Medicina na Renânia do Norte. (N. do T.).

em relação aos preceptores". Num tempo não muito distante, há poucas décadas, ela acompanhara a referida história de amor literalmente nos mesmos termos com que outrora o senhor Von Gontard havia se manifestado frente a Hölderlin: sob o prisma do patriciado burguês, para o qual um preceptor era nada mais do que um lacaio um pouco diferenciado.

Conforme o sentido dessas imagens, o professor é um herdeiro do *scriba*, do escrivão. Como já assinalei, o menosprezo de que é alvo tem raízes feudais e precisa ser fundamentado a partir da Idade Média e do início do Renascimento; como, por exemplo, na "Canção dos Nibelungos", onde se expressa o desprezo de Hagen, que considera o capelão um débil, justamente aquele capelão que a seguir escaparia com vida. Cavaleiros feudais cuja educação passou pelos livros constituíram exceções; caso contrário o nobre Hartmann von der Aue não teria se vangloriado tanto de sua capacidade de leitura. Além disso, há que se acrescentar a influência de antigas referências de professores como escravizados.[1] O intelecto encontrava-se separado da força física. É certo que sempre detinha uma determinada função na condução da sociedade, mas tornava-se suspeito em qualquer lugar onde as prerrogativas da força física sobreviveram à divisão do trabalho. Esse passado distante na história ressurge permanentemente. O menosprezo pelos professores que certamente existe na Alemanha, e talvez inclusive nos países anglo-saxônicos, ao menos na Inglaterra, poderia ser caracterizado como o ressentimento do guerreiro que acaba se impondo ao conjunto da população pela via de um mecanismo interminável de identificações. Todas as crianças revelam afinal uma forte tendência a se identificar com "coisas de soldados", como se diz tão bem hoje em dia; lembro apenas o prazer com que os meninos se fantasiam de *cowboys*, e a satisfação com que correm "armados" por aí. Ao que tudo indica, eles reproduzem de novo, ontogeneticamente, o processo filogenético, que gradualmente libertou os homens da violência física. Todo o complexo da violência física, bastante dotado de ambivalência e de forte conteúdo afetivo em um mundo em que ela é exercida somente nas situações-limite por demais conhecidas, desempenha aqui seu papel decisivo. Numa anedota famosa o *condottiere* Georg von Frundsberg bate nos ombros de Lutero na Dieta de Worms dizendo: "Padrezinho, padrezinho, agora segues um caminho perigoso." Uma atitude em que se misturam o respeito pela independência do espírito e um desprezo, ainda que tênue, por quem, não portando armas, logo pode se tornar vítima de esbirros. Movidos por rancor, os analfabetos consideram como sendo inferiores todas as pessoas estudadas que se apresentam dotadas de alguma autoridade, desde que não sejam providas de alta posição social ou do exercício de poder, como acontece no caso do alto clero. O professor é o herdeiro do monge; depois que perde a maior parte de suas funções, o ódio ou a ambiguidade que caracterizava o ofício do monge é transferido para o professor.

A ambivalência frente aos homens estudados é arcaica. É verdadeiramente mítico o impressionante conto em que Kafka narra o assassinato do médico do interior rural que atendia a um chamado noturno que se revelaria falso; a etnologia sabe que o curandeiro ou o cacique tanto pode usufruir de honrarias quanto pode ser sacrificado em determinadas situações. Pode--se perguntar por que o tabu arcaico, a ambivalência arcaica foram transferidos justamente aos professores, enquanto outras profissões intelectuais ficaram livres deles. Explicar por que algo *não* ocorreu sempre implica grandes dificuldades do ponto de vista da teoria do conhecimento. Vou me limitar a uma consideração baseada no senso comum. Os juristas e os médicos não se subordinam àquele tabu e são igualmente profissões intelectuais. Mas essas constituem o que se chama hoje de profissões *livres*. Subordinam-se à disputa concorrencial; são providas de melhores oportunidades materiais, mas não são contidas e garantidas por uma hierarquia de servidor público, e por causa dessa liberdade gozam de maior prestígio. Aqui se anuncia um conflito social possivelmente dotado de alcance maior. Uma ruptura no próprio plano da burguesia, ao menos na pequena burguesia, entre os que são livres e ganham mais, embora sua renda não seja garantida, e que gozam de um certo ar de nobreza e ousadia, e, por outro lado, os funcionários permanentes e com pensão assegurada, invejados por causa de sua segurança, mas desprezados enquanto se assemelham a verdadeiros animais de carga em escritórios e repartições, com horários fixos e vida regrada pelo relógio de ponto. Por sua vez, os juízes e funcionários administrativos têm algum poder real delegado, enquanto a opinião pública não leva a sério o poder dos professores, por ser um poder sobre sujeitos civis não totalmente plenos, as crianças. O poder do professor é execrado porque só parodia o poder verdadeiro, que é admirado. Expressões como "tirano de escola" lembram que o tipo de professor que querem marcar é tão irracionalmente despótico como só poderia sê-lo a caricatura do despotismo, na medida em que não consegue exercer mais poder do que reter por uma tarde as suas vítimas, algumas pobres crianças quaisquer.

O reverso dessa ambivalência é a adoração mágica dispensada aos professores em alguns países, como outrora na China, e em alguns grupos, como entre os judeus devotos. O aspecto mágico da relação com os professores parece se fortalecer em todos os lugares onde o magistério é vinculado à autoridade religiosa, enquanto a imagem negativa cresce com a dissolução dessa autoridade. É digno de nota que os professores que gozam do maior prestígio na Alemanha, ou seja, justamente os acadêmicos universitários, na prática muito raramente desempenham funções disciplinares, e, ao menos de modo ideal e para a opinião pública, são pesquisadores produtivos que não se fixam no plano pedagógico aparentemente ilusório e secundário de acordo com a exposição anterior. O problema da inverdade imanente da pedagogia estaria em que o objeto do trabalho é adequado aos seus destinatários, não constituindo um trabalho objetivo motivado objetivamente. Em vez disso, este seria pedagogizado. Só isso já bastaria para dar às crianças inconscientemente a impressão de estarem sendo iludidas. Os professores não reproduzem simplesmente de um modo receptivo algo já estabelecido, mas a sua função de mediadores, um pouco socialmente suspeita como todas as atividades da circulação, atrai para si uma parte da aversão geral. Max Scheler disse certa feita que só atuou pedagogicamente porque nunca tratou seus estudantes de maneira pedagógica. Se me permitem a observação pessoal, a minha própria experiência confirma inteiramente esse ponto de vista. Ao que tudo indica, o êxito como docente acadêmico deve-se à ausência de qualquer estratégia para influenciar, à recusa em convencer.

Com a transformação objetiva que se anuncia no magistério, a situação tende a se alterar. Nota-se também uma certa mudança estrutural na relação com o docente universitário. Tal como há muito ocorre nos Estados Unidos, onde processos como este acontecem de modo mais drástico do que na Alemanha, o professor se converte lenta, mas inexoravelmente, em vendedor de conhecimentos, despertando até compaixão por não conseguir aproveitar melhor seus conhecimentos em benefício de sua situação material. Não resta dúvida que há nisto um grande avanço de esclarecimento, em comparação à imagem do professor como um deus, tal como era considerado ainda nos *Buddenbrooks*;

ao mesmo tempo, porém, uma racionalidade estratégica nesses termos reduz o intelecto a mero valor de troca, o que é tão problemático como o é qualquer progresso no seio do existente.

Mencionei a função disciplinar. Se não me engano, com ela toco na questão central, embora seja necessário repetir que não se trata de conclusões de pesquisa. Por trás da imagem negativa do professor encontra-se o homem que castiga, figura que também ocorre no *Processo* de Kafka. Mesmo após a proibição dos castigos corporais, continuo considerando esse contexto determinante no que se refere aos tabus acerca do magistério. Essa imagem representa o professor como sendo aquele que é fisicamente mais forte e castiga o mais fraco. Nessa função, que continua a ser atribuída ao professor mesmo depois que oficialmente deixou de existir, e em alguns outros lugares parece constituir-se em valor permanente e compromisso autêntico, o docente infringe um antigo código de honra legado inconscientemente e, com certeza, conservado por crianças burguesas. Pode-se dizer que este não é um jogo honesto, limpo, não é um *fair play*. Esta *unfairness* [desonestidade] — e qualquer docente o percebe, inclusive o universitário — também afeta a vantagem do saber do professor frente ao saber de seus alunos, que ele utiliza sem ter direito para tanto, uma vez que a vantagem é indissociável de sua função, ao mesmo tempo que sempre lhe confere uma autoridade de que dificilmente consegue abrir mão. Essa *unfairness* existe na ontologia do professor, na medida em que excepcionalmente posso usar o termo ontologia nesse contexto. É só pensar como o professor universitário pode dispor da cátedra em longas exposições sem qualquer contestação, para compartilhar esse resultado. Quando a seguir o professor oferece aos estudantes a oportunidade de perguntar, procurando aproximar a aula expositiva de um seminário, ironicamente há muito pouca reciprocidade por parte dos alunos. Esses hoje em dia parecem preferir aulas como preleções expositivas dogmáticas. Mas, de certo modo, não é somente a profissão do magistério que impele o professor à *unfairness*: o fato de saber mais, ter a vantagem e não poder negá-la. Ele também é impelido nessa direção pela sociedade, e isso me parece mais profundo. A sociedade permanece baseada na força física, conseguindo impor suas determinações quando é necessário somente mediante a violência física, por mais remota que seja essa possibilidade na pretensa vida normal. Da mesma maneira as disposições da chamada integração civilizatória que, conforme a concepção geral, deveriam ser providenciadas pela educação, podem ser realizadas nas condições vigentes ainda hoje apenas com o suporte do potencial da violência física. Essa violência física é delegada pela sociedade e ao mesmo tempo é negada nos delegados. Os executantes são bodes expiatórios para os mandantes. O modelo originário negativo — refiro-me a um imaginário de representações inconscientemente efetivas, e não a uma realidade, a não ser que esta seja referida de modo apenas rudimentar — é constituído pelo carcereiro ou, melhor ainda, o suboficial. Não sei até que ponto é procedente a afirmação de que nos séculos XVII e XVIII soldados veteranos eram aproveitados como professores nas escolas primárias. Mas certamente essa crença popular é bastante característica para a imagem do professor. A expressão "quem malha o traseiro", anteriormente referida, tem conotação militar; inconscientemente os professores talvez sejam imaginados como veteranos, como uma espécie de mutilados, como pessoas que no âmbito da vida propriamente dita do processo real de reprodução da sociedade não têm nenhuma função, contribuindo apenas de um modo pouco transparente e pela via de uma graça especial à continuidade do conjunto e de sua própria vida. Mas, em decorrência dessa imagem, quem se opõe ao castigo físico defende o interesse do professor ao menos tanto quanto o interesse do aluno. Só é possível esperar alguma mudança nesse complexo a que me refiro quando até o último resquício de punição tiver desaparecido da memória escolar, como parece ser o caso na maior parte dos Estados Unidos.

Uma parte constitutiva essencial desse complexo parece estar em que a sociedade que se apresenta como liberal burguesa em hipótese nenhuma reconhece a necessidade da força física para uma formação social baseada na dominação. Isso ocasiona tanto a delegação da violência — um senhor jamais castiga — quanto o desprezo pelo professor que se encarrega de executar o que é necessário para tudo funcionar, sabidamente um mal que é duplamente rejeitado pelas pessoas, na medida em que elas próprias estão por trás da execução, e ao mesmo tempo se julgam boas demais para executá-la pelas próprias mãos. A minha hipótese é que a imagem de "responsável por castigos" determina a imagem do professor muito além das práticas dos castigos físicos escolares. Se eu tivesse que orientar investigações empíricas acerca do conjunto complexo do professor, então esta seria a primeira a me interessar. Ainda que em termos bastante brandos, repete-se na imagem do professor algo da imagem tão afetivamente carregada do carrasco.

Que este imaginário é exitoso em firmar a crença de que o professor não é um senhor, mas um fraco que castiga ou um monge sem cargo, isto pode ser comprovado de maneira drástica no plano erótico. Por um lado, ele não tem função erótica; por outro, desempenha um grande papel erótico, para adolescentes deslumbrados, por exemplo. Mas na maioria dos casos apenas como objeto inatingível; basta que se observem nele leves traços de simpatia, para difamá-lo como injusto. A característica de ser inatingível associa-se à imagem de um ser tendencialmente excluído da esfera erótica. Numa perspectiva psicanalítica, esse imaginário do professor relaciona-se à castração. Um professor que, como aconteceu em minha infância com um docente bastante humano, se veste de maneira elegante porque tem posses ou que, movido por orgulho acadêmico, ostenta comportamento que chama a atenção, imediatamente é ridicularizado. É difícil distinguir até que ponto tais tabus específicos são efetivamente apenas psicológicos ou até que ponto a práxis, a ideia do docente com a vida inquestionável como modelo para os imaturos o obriga a uma ascese erótica maior do que ocorre em muitos outras profissões, como, por exemplo, a do representante, para nomear apenas uma. Nos romances e nas peças de crítica à escola de inícios do século, os professores com frequência aparecem como particularmente repressivos de um ponto de vista erótico, como em Wedekind, por exemplo; como seres inclusive sexualmente mutilados. Essa imagem do quase castrado, da pessoa neutralizada ao menos eroticamente, não livremente desenvolvida, essa imagem de pessoas descartadas na concorrência erótica, corresponde à infantilidade real ou imaginária do professor. Remeto ao grande romance *Professor Unrat*, de Heinrich Mann, conhecido da maioria provavelmente apenas na versão *kitsch* do filme *O anjo azul*. O tirano da escola, cuja decadência forma o conteúdo da obra, não tem a imagem transfigurada pela fachada de humor, como ocorre no filme. Ele de fato se relaciona com a prostituta, respeitosamente tratada por ele como uma artista chamada Fröhlich, exatamente como o fazem seus alunos secundaristas. Identifica-se com eles, como Heinrich Mann destaca explicitamente no texto. Ele o faz com todo seu horizonte intelectual e todas as suas formas de reação: ele mesmo é efetivamente uma criança. Nessa medida acrescenta-se ao desprezo pelo professor um aspecto suplementar: por mover-se num ambiente infantil que é o seu ou ao qual se adapta, ele não é considerado inteiramente como adulto, ao mesmo tempo em que de fato é um adulto que deriva suas exigências desta sua existência como tal. Sua dignidade desajeitada continua a ser experimentada como uma compensação insuficiente dessa discrepância.

Tudo isso é apenas a configuração específica, relativa ao professor, de um fenômeno que em sua generalidade é conhecido na sociologia pelo nome de *déformation professionelle* [condicionamento de trabalho]. Contudo, na imagem do professor a *déformation professionelle* torna-se praticamente a própria definição da profissão. Em minha juventude contaram-me a anedota de um professor de colégio de Praga que teria dito: "Para tomarmos um exemplo da vida cotidiana: o general conquista a cidade." Com "um exemplo da vida cotidiana" pretendia-se falar do cotidiano escolar, continuamente povoado nas aulas de Latim por frases exemplares, paradigmas, do tipo do anunciado: o general toma a cidade. Aquilo que é relativo à escola, que justamente agora merece de novo tanta atenção, se impõe no lugar da realidade, que é mantida meticulosamente a distância por intermédio de dispositivos organizatórios. A infantilidade do professor apresenta-se pela sua atitude de substituir a realidade pelo mundo ilusório intramuros, pelo microcosmo da escola, que é isolado em maior ou menor medida da sociedade dos adultos — reuniões de pais e similares são modos desesperados de romper esse isolamento. Esse é um forte motivo pelo qual a escola defende tão encarniçadamente suas muralhas.

Com frequência os professores são vistos conforme as mesmas categorias com que se focaliza o infeliz herói de uma tragicomédia do naturalismo; em respeito a eles poderíamos falar de um complexo de *devaneius*. Eles se encontram em permanente suspeição de estarem fora da realidade. Ao que tudo indica, não estão mais longe da realidade do que, por exemplo, os juízes, para quem o distanciamento da realidade seria uma característica fundamental, conforme as análises de Karl Kraus a partir dos processos judiciais no plano dos costumes. No estereótipo do "estar fora da realidade" fundem-se os traços infantis de alguns professores com os traços infantis de muitos estudantes. O que é infantil é o seu realismo supervalorizado. Na medida em que se adaptam de modo mais exitoso ao princípio da realidade do que pode fazer o professor, que continuamente precisa anunciar e dar corpo a ideais de supereu, acreditam compensar aquilo que acreditam ser o que lhes falta, isto é, não constituírem ainda sujeitos independentes. Talvez seja por isso que professores que jogam futebol ou são bons de copo sejam tão populares com os alunos, na medida em que correspondem à imagem de mundanalidade deles; em meus tempos de colégio eram particularmente populares os professores que correta ou incorretamente eram considerados como tendo pertencido às corporações acadêmicas. Reina uma espécie de antinomia: o professor e os alunos praticam injustiças uns em relação aos outros: aquele quando divaga sobre valores eternos, que na verdade não o são, e os alunos quando em resposta se decidem pela idolatria debiloide aos Beatles.

Nexos como esses podem revelar a função das peculiaridades dos professores que em tão ampla dimensão constituem alvo do rancor dos estudantes. O processo civilizatório de que os professores são agentes orienta-se para um nivelamento. Ele pretende eliminar nos alunos aquela natureza disforme que retoma como natureza oprimida nas idiossincrasias, nos maneirismos da linguagem, nos sintomas de estarrecimento, nos constrangimentos e nas inabilidades dos mestres. Triunfarão aqueles alunos que percebem no professor aquilo contra o que, de acordo com seu instinto, se dirige todo o sofrido processo educacional. Há nisto evidentemente uma crítica ao próprio processo educacional, que até hoje em geral fracassou em nossa cultura. Esse fracasso é atestado também pela dupla hierarquia observável no âmbito da escola: a hierarquia oficial, conforme o intelecto, o desempenho, as notas, e a hierarquia não oficial, em que a força física, o "ser homem" e todo um conjunto de aptidões prático-físicas não honradas pela hierarquia oficial desempenham um papel. O nazismo explorou essa dupla hierarquia inclusive fora da escola, na medida em que incitou a segunda contra a primeira, tal como incitaria o partido contra o Estado na macropolítica. A pesquisa pedagógica deveria dedicar especial atenção à hierarquia latente na escola.

As resistências das crianças e dos jovens, igualmente institucionalizadas na segunda hierarquia, foram em parte certamente transmitidas pelos pais. Muitas se baseiam em estereótipos herdados; muitas, porém, como procurei mostrar, baseiam-se na situação objetiva do professor. A isso acrescenta-se algo essencial, bem conhecido da psicanálise. Na elaboração do complexo de Édipo, a separação do pai e a interiorização da figura paterna, as crianças notam que os próprios pais não correspondem ao eu ideal que lhes transmitem. Na relação com os professores esse eu ideal se reapresenta pela segunda vez, possivelmente com mais clareza, e eles têm a expectativa de poder se identificar com eles. Mas por muitas razões novamente isso se torna impossível para eles, sobretudo porque particularmente os próprios mestres constituem produtos da imposição da adequação, contra a qual se dirige o eu ideal da criança ainda não preparada para vínculos de compromisso. O magistério também é uma profissão burguesa; apenas o idealismo hipócrita poderia negá-lo. O professor não é aquela pessoa íntegra que forma a expectativa das crianças, por mais vaga que seja, mas alguém que no plano de todo um conjunto de outras oportunidades e tipos profissionais concentrou-se inevitavelmente como profissional na sua própria profissão, sendo propriamente já *a priori* o contrário daquilo que o inconsciente aguarda dele: que precisamente ele não seja um profissional, quando justamente ele precisa sê-lo. A sensibilidade idiossincrática das crianças em relação às particularidades dos professores, que possivelmente ultrapassa tudo que se possa imaginar como adulto, provém da constatação de que a existência particular renega o ideal de uma pessoa normal e verdadeira no sentido enfático com que as crianças veem primariamente os professores, mesmo que já tenham passado por alguma experiência em que se exige astúcia ou algum estereótipo que imponha dureza. Soma-se um momento social que condiciona tensões praticamente inevitáveis. A criança é retirada da *primary community* [comunidade primária] de relações imediatas, protetoras e cheias de calor, frequentemente já no jardim de infância, e na escola experimenta pela primeira vez de um modo chocante e ríspido, a alienação; para o desenvolvimento individual dos homens a escola constitui quase o protótipo da própria alienação social. O costume que os professores tinham antigamente de distribuir biscoitos entre os alunos no primeiro dia de aula revelaria um pressentimento: serviria para amainar o choque. O agente dessa alienação é a autoridade do professor, e a resposta a ela é a apreensão negativa da imagem do professor. A civilização que ele lhes proporciona e as privações que lhes impõe mobilizam automaticamente nas crianças as imagens do professor, que se acumularam no curso da história e que, como todas as sobras remanescentes no inconsciente, podem ser despertadas conforme as necessidades da economia psíquica. Os professores têm tanta dificuldade em acertar justamente porque sua profissão lhes nega a separação entre seu trabalho objetivo — e seu trabalho em seres humanos vivos é tão objetivo quanto o do médico, nisso inteiramente análogo — e o plano afetivo pessoal, separação possível na maioria das outras profissões. Pois seu trabalho realiza-se sob a forma de uma relação imediata, um dar e receber, para a qual, porém, esse trabalho nunca pode ser inteiramente apropriado sob o jugo de seus objetivos altamente mediatos. Por princípio, o que acontece na escola permanece muito aquém do passionalmente esperado. Nessa medida, o próprio ofício do professor permaneceu arcaicamente muito aquém da civilização que ele representa; talvez as máquinas educativas o dispensem de uma demanda humana que se encontra impedido de realizar. Um tal arcaísmo correspondente à profissão do professor como tal não apenas promove os símbolos arcaicos dos professores, mas também desperta os arcaísmos no próprio comportamento deles, quando ralham, repreendem, discutem etc.; atitudes tanto próximas da violência física quanto reveladoras de momentos de fraqueza e insegurança. Mas, se o professor não reagisse subjetivamente, se ele realmente fosse tão objetivo a ponto de nunca possibilitar reações incorretas, então pareceria aos alunos ser ainda mais desumano e frio, sendo possivelmente ainda mais rejeitado por eles. Assim pode-se notar que não exagerei ao me referir a uma antinomia. A solução, se posso dizer assim, pode provir apenas de uma mudança no comportamento dos professores. Eles não devem sufocar suas reações afetivas, para acabar revelando-as em forma racionalizada, mas deveriam conceder essas reações afetivas a si próprios e aos outros, desarmando dessa forma os alunos. Provavelmente um professor que diz: "sim, eu sou injusto, eu sou uma pessoa como vocês, a quem algo agrada e algo desagrada" será mais convincente do que um outro apoiado ideologicamente na justiça, mas que acaba inevitavelmente cometendo injustiças reprimidas. Diga-se de passagem que tais reflexões implicam imediatamente a necessidade de conscientização e de aprendizado psicanalítico para o magistério.

Por fim coloca-se a questão inevitável do "que fazer?", para a qual nesse caso, como em geral, considero-me extremamente desautorizado. Muitas vezes essa questão sabota o desenvolvimento consequente do conhecimento, necessário para possibilitar qualquer transformação. Nas discussões acerca dos problemas aqui aventados já se automatizou a atitude do "é um belo discurso, mas a situação se coloca de modo diferente para quem trabalha em meio à questão". De qualquer modo posso enumerar alguns aspectos sem qualquer pretensão sistemática ou de resultados maiores. Em primeiro lugar, impõe-se um esclarecimento acerca do complexo em seu conjunto, nos termos em que foi aqui abordado, esclarecimento dos próprios professores, dos pais e, tanto quanto possível, também dos alunos, com quem os professores deveriam conversar sobre as questões cheias de tabus. Não evito a hipótese de que em geral é possível conversar com muito mais seriedade e maturidade com as crianças do que os adultos querem reconhecer para assegurar-se, por essa via, de sua própria maturidade. Mas não se deve superestimar a possibilidade de um tal esclarecimento. As motivações em causa, como assinalei, são muitas vezes inconscientes, e a mera nomeação de situações inconscientes, como se sabe, é inútil, de modo que aqueles em que essas situações se localizam não são esclarecidos espontaneamente em sua própria experiência; nesses termos, o esclarecimento só se verifica a partir do exterior. Com base nessa constatação, uma trivialidade psicanalítica, não se deve esperar muito do esclarecimento meramente intelectual, embora se deva iniciar por seu intermédio; um esclarecimento um pouco insuficiente e apenas parcialmente eficiente ainda é melhor do que nenhum. Além disso seria necessário eliminar quaisquer limitações e obstáculos, ainda existentes na realidade, que dão suporte aos tabus com que se cercou o magistério. Sobretudo é necessário tratar aqueles pontos nevrálgicos ainda na fase de formação dos professores, em vez de orientar a sua formação pelos tabus vigentes. Em nenhuma hipótese a vida privada dos docentes pode ser submetida a qualquer controle que não o das disposições do direito penal. Seria preciso contrapor-se à ideologia da escola, teoricamente de difícil apreensão, e que também seria renegada, mas que perpassa com tenacidade a prática escolar conforme as minhas observações. A escola possui uma tendência imanente a se estabelecer como esfera da própria vida e dotada de legislação própria. É difícil decidir até que ponto isto é necessário para que ela realize a sua tarefa; certamente não se trata *só* de ideologia. Uma escola aberta ao exterior sem qualquer restrição provavelmente também abriria mão dos aspectos de formação e de amparo. Não me envergonho de ser considerado reacionário na medida em que penso ser mais importante às crianças aprenderem na escola um bom latim, de preferência a estilística latina, do que fazerem tolas viagens a Roma que, via de regra, resultam apenas em desarranjos intestinais sem qualquer aprendizado essencial acerca de Roma. Certamente, na medida em que as pessoas da escola não permitem interferências, o fechamento da escola sempre tende a se enrijecer, sobretudo face à crítica. Tucholsky exemplificaria com aquela malvada diretora de escola rural, que justifica quaisquer horrores cometidos contra seus alunos frente ao protesto do simpático casal de namorados com a explicação: "Aqui as coisas são feitas assim." Não interessa saber quanto deste "isto é feito assim" continua dominando a prática escolar. Essa postura é corrente. Seria necessário explicar que a escola não constitui um fim em si mesma, que o fato de ser fechada constitui uma necessidade e não uma virtude, como a consideram inclusive determinadas formas do movimento da juventude, por exemplo a fórmula imbecil da cultura jovem como sendo uma cultura própria, atualmente festejada no plano da ideologia da juventude como subcultura.

Por enquanto, embora em grande medida desapareça sua base social, a deformação psicológica de muitos professores perdura, se minhas observações nos exames oficiais de seleção não me enganam. Se abstrairmos da supressão dos controles ainda remanescentes, essa deformação deveria ser corrigida sobretudo mediante a formação profissional. No caso de colegas mais antigos, haveria que se apelar simplesmente — mediante perspectivas problematizadoras — a que condutas autoritárias prejudicam o objetivo educacional que também eles defendem racionalmente. Sempre ouvimos, e me restrinjo ao registro sem qualquer intenção de juízo, que se rompem acordos de estudos no que se refere ao tempo de formação, sem levar em conta se desse modo se elimina seu *élan*, seu conteúdo mais importante. Mudanças de fundo exigem pesquisas acerca do processo da formação profissional. Seria preciso atentar especialmente até que ponto o conceito de "necessidade da escola" oprime a liberdade intelectual e a formação do espírito. Isso se revela na hostilidade em relação ao espírito desenvolvido por parte de muitas administrações escolares, que sistematicamente impedem o trabalho científico dos professores, permanentemente mantendo-os *down to Earth* [com os pés no chão], desconfiados em relação àqueles que, como afirmam, pretendem ir mais além ou a outra parte. Uma tal hostilidade, dirigida aos próprios professores, facilmente prossegue na relação da escola com os alunos.

Referi-me aos tabus acerca do magistério, e não à realidade da docência e nem à constituição efetiva dos docentes; mas ambos os planos não são inteiramente independentes entre si. De qualquer modo podem ser observados sintomas que justificam a esperança de que tudo isso se transforme quando a democracia tomar a sério sua chance, desenvolvendo-se na Alemanha. Essa é uma dessas parcelas limitadas da realidade para a qual a reflexão e a ação individual podem contribuir. Não é por acaso que o livro que considero politicamente mais importante publicado na Alemanha dos últimos vinte anos seja o de um professor: *Sobre a Alemanha*, de Richard Matthias Müller. Mas não se deve esquecer que a chave da transformação decisiva reside na sociedade e em sua relação com a escola. Contudo, nesse plano, a escola não é apenas objeto. A minha geração vivenciou o retrocesso da humanidade à barbárie, em seu sentido literal, indescritível e verdadeiro. Essa é uma situação em que se revela o fracasso de todas aquelas configurações para as quais vale a escola. Enquanto a sociedade gerar a barbárie a partir de si mesma, a escola tem apenas condições mínimas de resistir a isso. Mas se a barbárie, a terrível sombra sobre a nossa existência, é justamente o contrário da formação cultural, então a desbarbarização das pessoas individualmente é muito importante. A desbarbarização da humanidade é o pressuposto imediato da sobrevivência. Esse deve ser o objetivo da escola, por mais restritos que sejam seu alcance e suas possibilidades. E para isso ela precisa libertar-se dos tabus, sob cuja pressão se reproduz a barbárie. O *pathos* da escola hoje, a sua seriedade moral, está em que, no âmbito do existente, somente ela pode apontar para a desbarbarização da humanidade, na medida em que se conscientiza disto. Com barbárie não me refiro aos Beatles, embora o culto a eles faça parte dela, mas sim ao extremismo: o preconceito delirante, a opressão, o genocídio e a tortura; não deve haver dúvidas quanto a isso. Na situação mundial vigente, em que ao menos por hora não se vislumbram outras possibilidades mais abrangentes, é preciso contrapor-se à barbárie principalmente na escola. Por isso, apesar de todos os argumentos em contrário no plano das teorias sociais, é tão importante do ponto de vista da sociedade que a escola cumpra sua função, ajudando, que se conscientize do pesado legado de representações que carrega consigo.

NOTA

1. Agradeço a Jacob Taubes por essa referência.

Educação após Auschwitz

A exigência que Auschwitz não se repita é a primeira de todas para a educação. De tal modo ela precede quaisquer outras que creio não ser possível nem necessário justificá-la. Não consigo entender como até hoje mereceu tão pouca atenção. Justificá-la teria algo de monstruoso em vista de toda monstruosidade ocorrida. Mas a pouca consciência existente em relação a essa exigência e as questões que ela levanta provam que a monstruosidade não calou fundo nas pessoas, sintoma da persistência da possibilidade de que se repita no que depender do estado de consciência e de inconsciência das pessoas. Qualquer debate acerca de metas educacionais carece de significado e importância frente a essa meta: que Auschwitz não se repita. Ela foi a barbárie contra a qual se dirige toda a educação. Fala-se da ameaça de uma regressão à barbárie. Mas não se trata de uma ameaça, pois Auschwitz *foi* a regressão; a barbárie continuará existindo enquanto persistirem no que têm de fundamental as condições que geram essa regressão. É isso que apavora. Apesar da não visibilidade atual dos infortúnios, a pressão social continua se impondo. Ela impele as pessoas em direção ao que é indescritível e que, nos termos da história mundial, culminaria em Auschwitz. Dentre os conhecimentos proporcionados por Freud, efetivamente relacionados inclusive à cultura e à sociologia, um dos mais perspicazes parece-me ser aquele de que a civilização, por seu turno, origina e fortalece progressivamente o que é anticivilizatório. Justamente no que diz respeito a Auschwitz, os seus ensaios *O mal-estar na cultura* e *Psicologia de massas e análise do eu* mereceriam a mais ampla divulgação. Se a barbárie encontra-se no próprio princípio civilizatório, então pretender se opor a isso tem algo de desesperador.

A reflexão a respeito de como evitar a repetição de Auschwitz é obscurecida pelo fato de precisarmos nos conscientizar desse elemento desesperador, se não quisermos cair presas da retórica idealista. Mesmo assim é preciso tentar, inclusive porque tanto a estrutura básica da sociedade como os seus membros, responsáveis por termos chegado onde estamos, não mudaram nesses vinte e cinco anos. Milhões de pessoas inocentes — e só o simples fato de citar números já é humanamente indigno, quanto mais discutir quantidades — foram assassinadas de uma maneira planejada. Isso não pode ser minimizado por nenhuma pessoa viva como sendo um fenômeno superficial, como sendo uma aberração no curso da história, que não importa, em face da tendência dominante do progresso, do esclarecimento, do humanismo supostamente crescente. O simples fato de ter ocorrido já constitui por si só expressão de uma tendência social imperativa. Nessa medida gostaria de remeter a um evento, que de um modo muito sintomático parece pouco conhecido na Alemanha, apesar de constituir a temática de um best-seller como *Os quarenta dias de Musa Dagh*, de Werfel. Já na Primeira Guerra Mundial os turcos — o assim chamado movimento turco jovem dirigido por Enver Pascha e Talaat Pascha — mandaram assassinar mais de um milhão de armênios. Importantes quadros militares e governamentais, embora, ao que tudo indica, soubessem do ocorrido, guardaram sigilo estrito. O genocídio tem suas raízes naquela ressurreição do nacionalismo agressor que vicejou em muitos países a partir do fim do século XIX.

Além disso, não podemos evitar ponderações no sentido de que a invenção da bomba atômica, capaz de matar centenas de milhares literalmente de um só golpe, insere-se no mesmo nexo histórico que o genocídio. Tornou-se habitual chamar o aumento súbito da população de explosão populacional: parece que a fatalidade histórica, para fazer frente à explosão populacional, dispõe também de contraexplosões, o morticínio de populações inteiras. Isso só para indicar como as forças às quais é preciso se opor integram o curso da história mundial.

Como hoje em dia é extremamente limitada a possibilidade de mudar os pressupostos objetivos, isto é, sociais e políticos que geram tais acontecimentos, as tentativas de se contrapor à repetição de Auschwitz são impelidas necessariamente para o lado subjetivo. Com isso, refiro-me sobretudo também à psicologia das pessoas que fazem coisas desse tipo. Não acredito que adianta muito apelar a valores eternos, acerca dos quais justamente os responsáveis por tais atos reagiriam com menosprezo; também não acredito que o esclarecimento acerca das qualidades positivas das minorias reprimidas seja de muita valia. É preciso buscar as raízes nos perseguidores e não nas vítimas, assassinadas sob os pretextos mais mesquinhos. Torna-se necessário o que a esse respeito uma vez denominei de inflexão em direção ao sujeito. É preciso reconhecer os mecanismos que tornam as pessoas capazes de cometer tais atos, é preciso revelar tais mecanismos a eles próprios, procurando impedir que se tornem novamente capazes de tais atos, na medida em que se desperta uma consciência geral acerca desses mecanismos. Os culpados não são os assassinados, nem mesmo naquele sentido caricato e sofista que ainda hoje seria do agrado de alguns. Culpados são unicamente os que, desprovidos de consciência, voltaram contra aqueles seu ódio e sua fúria agressiva. É necessário contrapor-se a uma tal ausência de consciência, é preciso evitar que as pessoas golpeiem para os lados sem refletir a respeito de si próprias. A educação tem sentido unicamente como educação dirigida a uma autorreflexão crítica. Contudo, na medida em que, conforme os ensinamentos da psicologia profunda, todo caráter, inclusive daqueles que mais tarde praticam crimes, forma-se na primeira infância, a educação que tem por objetivo evitar a repetição precisa se concentrar na primeira infância. Já mencionei a tese de Freud acerca do mal-estar na cultura. Ela é ainda mais abrangente do que ele mesmo supunha: sobretudo porque, entrementes, a pressão civilizatória observada por ele multiplicou-se em uma escala insuportável. Por essa via as tendências à explosão a que ele atentara atingiriam uma violência que ele dificilmente poderia imaginar. Porém o mal-estar na cultura tem seu lado social — o que Freud sabia, embora não o tenha investigado concretamente. É possível falar da claustrofobia das pessoas no mundo administrado, um sentimento de encontrar-se enclausurado numa situação cada vez mais socializada, como uma rede densamente interconectada. Quanto mais densa é a rede, mais se procura escapar, ao mesmo tempo em que precisamente a sua densidade impede a saída. Isso aumenta a raiva contra a civilização. Esta torna-se alvo de uma rebelião violenta e irracional.

Um esquema sempre confirmado na história das perseguições é o de que a violência contra os fracos se dirige principalmente contra os que são considerados socialmente fracos e ao mesmo tempo — seja isto verdade ou não — felizes. De uma perspectiva sociológica eu ousaria acrescentar que nossa sociedade, ao mesmo tempo em que se integra cada vez mais, gera tendências de desagregação. Essas tendências encontram-se bastante desenvolvidas logo abaixo da superfície da vida civilizada e ordenada. A pressão do geral dominante sobre tudo que é particular, os homens individualmente e as instituições singulares, tem uma tendência a destroçar o particular e individual juntamente com seu potencial de resistência. Junto com sua identidade e seu potencial de resistência, as pessoas também perdem suas qualidades, graças às quais têm a capacidade de se contrapor ao que em qualquer tempo novamente seduz ao crime. Talvez elas mal tenham condições de resistir quando lhes é ordenado pelas forças estabelecidas que repitam tudo de novo, desde que apenas seja em nome de quaisquer ideais de pouca ou nenhuma credibilidade.

Quando falo de educação após Auschwitz, refiro-me a duas questões: primeiro, à educação infantil, sobretudo na primeira infância; e, além disso, ao esclarecimento geral, que produz um clima intelectual, cultural e social que não permite tal repetição; portanto, um clima em que os motivos que conduziram ao horror tornem-se de algum modo conscientes. Evidentemente não tenho a pretensão de sequer esboçar o projeto de uma educação nesses termos. Contudo, quero ao menos indicar alguns pontos nevrálgicos. Com frequência — por exemplo, nos Estados Unidos — o espírito germânico de confiança na autoridade foi responsabilizado pelo nazismo e também por Auschwitz. Considero essa afirmação excessivamente superficial, embora na Alemanha, como em muitos outros países europeus, comportamentos autoritários e autoridades cegas perdurem com mais tenacidade sob os pressupostos da democracia formal do que se queira reconhecer. Antes é de se supor que o fascismo e o horror que produziu se relacionam com o fato de que as antigas e consolidadas autoridades do império haviam ruído e se esfacelado, mas as pessoas ainda não se encontravam psicologicamente preparadas para a autodeterminação. Elas não se revelaram à altura da liberdade com que foram presenteadas de repente. É por isso que as estruturas de autoridade assumiram aquela dimensão destrutiva e — por assim dizer — de desvario que antes, ou não possuíam, ou seguramente não revelavam. Quando lembramos que visitantes de quaisquer potentados, já politicamente desprovidos de qualquer função real, levam populações inteiras a explosões de êxtase, então se justifica a suspeita de que o potencial autoritário permanece muito mais forte do que o imaginado. Porém, quero enfatizar com a maior intensidade que o retorno ou não retorno do fascismo constitui em seu aspecto mais decisivo uma questão social e não uma questão psicológica. Refiro-me tanto ao lado psicológico somente porque os demais momentos, mais essenciais, em grande medida escapam à ação da educação, quando não se subtraem inteiramente à interferência dos indivíduos.

Frequentemente pessoas bem-intencionadas e que se opõem a que tudo aconteça de novo citam o conceito de vínculos de compromisso. A ausência de compromissos das pessoas seria responsável pelo que aconteceu. Isso efetivamente tem a ver com a perda da autoridade, uma das condições do pavor sadomasoquista. É plausível para o entendimento humano sadio evocar compromissos que detenham o que é sádico, destrutivo, desagregador, mediante um enfático "não deves". Ainda assim considero ser uma ilusão imaginar alguma utilidade no apelo a vínculos de compromisso ou até mesmo na exigência de que se reestabeleçam vinculações de compromisso para que o mundo e as pessoas sejam melhores. A falsidade de compromissos que se exige somente para que provoquem alguma coisa — mesmo que esta seja boa —, sem que eles sejam experimentados por si mesmos como sendo substanciais para as pessoas, percebe-se muito prontamente. É espantosa a rapidez com que até mesmo as pessoas mais ingênuas e tolas reagem quando se trata de descobrir as fraquezas dos superiores. Facilmente os chamados compromissos convertem-se em passaporte moral — são assumidos com o objetivo de identificar-se como cidadão confiável — ou então produzem rancores raivosos psicologicamente contrários à sua destinação original. Eles significam uma heteronomia, um tornar-se dependente de mandamentos, de normas que não são assumidas pela razão própria do indivíduo. O que a psicologia denomina supereu, a consciência moral, é substituído no contexto dos compromissos por autoridades exteriores, sem compromisso, intercambiáveis, como foi possível observar com muita nitidez também na Alemanha depois da queda do Terceiro Reich. Porém, justamente a disponibilidade em ficar do lado do poder, tomando exteriormente como norma curvar-se ao que é mais forte, constitui aquela índole dos algozes que nunca mais deve ressurgir. Por isso a recomendação dos compromissos é tão fatal. As pessoas que os assumem mais ou menos livremente são colocadas numa espécie de permanente estado de exceção de comando. O único poder efetivo contra o princípio de Auschwitz seria autonomia, para usar a expressão kantiana; o poder para a reflexão, a autodeterminação, a não participação.

Certa feita uma experiência me assustou muito: numa viagem ao lago de Constância, eu lia num jornal de Baden em que se informava acerca da peça *Mortos sem sepultura*, de Sartre, que representa as situações mais terríveis. A peça incomodava visivelmente o crítico. Mas ele não explicou esse incômodo mediante o horror da coisa que constitui o horror de nosso mundo, mas torceu a questão como se, frente a uma posição como a de Sartre, que se ocupara do problema, nós tivéssemos, por assim dizer, um sentido para algo mais nobre: que não poderíamos reconhecer a ausência de sentido do horror. Resumindo: o crítico procurava se subtrair ao confronto com o horror graças a um sofisticado palavrório existencial. O perigo de que tudo aconteça de novo está em que não se admite o contato com a questão, rejeitando até mesmo quem apenas a menciona, como se, ao fazê-lo sem rodeios, este se tornasse o responsável, e não os verdadeiros culpados.

Em relação ao problema de autoridade e barbárie considero importante um aspecto que geralmente passa quase despercebido. Ele é mencionado numa observação do livro *O Estado da SS*, de Eugen Kogon, que contém abordagens importantes desse todo complexo e que não recebeu a atenção merecida por parte da ciência e da pedagogia. Kogon afirma que os algozes do campo de concentração em que ele mesmo passou anos eram em sua maioria jovens filhos de camponeses. A diferença cultural ainda persistente entre a cidade e o campo constitui uma das condições do horror, embora certamente não seja nem a única nem a mais importante. Repudio qualquer sentimento de superioridade em relação à população rural. Sei que ninguém tem culpa por nascer na cidade ou se formar no campo. Mas registro apenas que provavelmente no campo o insucesso da desbarbarização foi ainda maior. Mesmo a televisão e os outros meios de comunicação de massa, ao que tudo indica, não provocaram muitas mudanças na situação de defasagem cultural. Parece-me mais correto afirmar isso e procurar uma mudança do que elogiar de uma maneira nostálgica quaisquer qualidades especiais da vida rural ameaçadas de desaparecer. Penso até que a desbarbarização do campo constitui um dos objetivos educacionais mais importantes. Evidentemente ela pressupõe um estudo da consciência e do inconsciente da respectiva população. Sobretudo é preciso atentar ao impacto dos modernos meios de comunicação de massa sobre um estado de consciência que ainda não atingiu o nível do liberalismo cultural burguês do século XIX.

Para mudar essa situação, o sistema normal de escolarização, frequentemente bastante problemático no campo, seria insuficiente. Penso numa série de possibilidades. Uma seria — e estou improvisando — o planejamento de transmissões de televisão atendendo pontos nevrálgicos daquele peculiar estado de consciência. Além disso, imagino a formação de grupos e colunas educacionais móveis de voluntários que se dirijam ao campo e procurem preencher as lacunas mais graves por meio de discussões, de cursos e de ensino suplementar. Naturalmente sei que é difícil essas pessoas serem muito bem-vistas. Mas, com o passar do tempo, se estabelecerá um pequeno círculo que se imporá e que talvez tenha condições de se irradiar.

Entretanto, não deve haver nenhum mal-entendido quanto à inclinação arcaica pela violência existente também nas cidades, principalmente nos grandes centros. Tendências de regressão — ou seja, pessoas com traços sádicos reprimidos — são produzidas por toda parte pela tendência social geral. Nessa medida, quero lembrar a relação perturbada e patogênica com o corpo que Horkheimer e eu descrevemos na *Dialética do esclarecimento*. Em cada situação em que a consciência é mutilada, isto se reflete sobre o corpo e a esfera corporal de uma forma não livre e que é propícia à violência. Basta prestar atenção em um certo tipo de pessoa inculta como até mesmo a sua linguagem — principalmente quando algo é criticado ou exigido — se torna ameaçadora, como se os gestos da fala fossem de uma violência corporal quase incontrolada. Aqui seria preciso estudar também a função do esporte, que ainda não foi devidamente reconhecida por uma psicologia social crítica. O esporte é ambíguo: por um lado, ele pode ter um efeito contrário à barbárie e ao sadismo, por intermédio do *fair play*, do cavalheirismo e do respeito pelo mais fraco. Por outro, em algumas de suas modalidades e procedimentos, ele pode promover a agressão, a brutalidade e o sadismo, principalmente no caso de espectadores, que pessoalmente não estão submetidos ao esforço e à disciplina do esporte; são aqueles que costumam gritar nos campos esportivos. É preciso analisar de uma maneira sistemática essa ambiguidade. Os resultados teriam que ser aplicados à vida esportiva na medida da influência da educação sobre si.

Tudo isso se relaciona de um modo ou outro à velha estrutura vinculada à autoridade, a modos de agir — ou que se diria — do velho e bom caráter autoritário. Mas aquilo que gera Auschwitz, os tipos característicos ao mundo de Auschwitz, constituem presumivelmente algo de novo. Por um lado, eles representam a identificação cega com o coletivo. Por outro, são talhados para manipular massas, coletivos, tais como os Himmler, Höss, Eichmann. Considero que o mais importante para enfrentar o perigo de que tudo se repita é contrapor-se ao poder cego de todos os coletivos, fortalecendo a resistência frente a eles por meio do esclarecimento do problema da coletivização. Isto não é tão abstrato quanto possa parecer ao entusiasmo participativo, especialmente das pessoas jovens, de consciência progressista. O ponto de partida poderia estar no sofrimento que os coletivos infligem no começo a todos os indivíduos que se filiam a eles. Basta pensar nas primeiras experiências de cada um na escola. É preciso se opor àquele tipo de *folk-ways*, hábitos populares, ritos de iniciação de qualquer espécie, que infligem dor física — muitas vezes insuportável — a uma pessoa como preço do direito de ela se sentir um filiado, um membro do coletivo. A brutalidade de hábitos tais como os trotes de qualquer ordem, ou quaisquer outros costumes arraigados desse tipo, é precursora imediata da violência nazista. Não foi por acaso que os nazistas enalteceram e cultivaram tais barbaridades com o nome de "costumes". Eis aqui um campo muito atual para a ciência. Ela poderia inverter decididamente essa tendência da etnologia encampada com entusiasmo pelos nazistas, para refrear essa sobrevida simultaneamente brutal e fantasmagórica desses divertimentos populares.

Tudo isso tem a ver com um pretenso ideal que desempenha um papel relevante na educação tradicional em geral: a severidade. Esta pode até mesmo remeter a uma afirmativa de Nietzsche, por mais humilhante que seja e embora ele na verdade pensasse em outra coisa. Lembro que, durante o processo sobre Auschwitz, em um de seus acessos, o terrível Boger culminou num elogio à educação baseada na força e voltada à disciplina. Ela seria necessária para constituir o tipo de homem que lhe parecia adequado. Essa ideia educacional da severidade, em que irrefletidamente muitos podem até acreditar, é totalmente equivocada. A ideia de que a virilidade consiste num grau máximo da capacidade de suportar dor há muito se converteu em fachada de um masoquismo que — como mostrou a psicologia — se identifica com muita facilidade ao sadismo. O elogiado objetivo de "ser duro" de uma tal educação significa indiferença contra a dor em geral. No que, inclusive, nem se diferencia tanto a dor do outro e a dor de si próprio. Quem é severo consigo mesmo adquire o direito de ser severo também com os outros, vingando-se da dor cujas manifestações precisou ocultar e reprimir. Tanto é necessário tornar consciente esse mecanismo quanto se impõe a promoção de uma educação que não premia a dor e a capacidade de suportá-la, como acontecia antigamente. Dito de outro modo: a educação precisa levar a sério o que já de há muito é do conhecimento da filosofia: que o medo não deve ser reprimido. Quando o medo não é reprimido, quando nos permitimos ter realmente tanto medo quanto esta realidade exige, então justamente por essa via desaparecerá provavelmente grande parte dos efeitos deletérios do medo inconsciente e reprimido.

Pessoas que se enquadram cegamente em coletivos convertem a si próprios em algo como um material, dissolvendo-se como seres autodeterminados. Isso combina com a disposição de tratar outros como sendo uma massa amorfa. Para os que se comportam dessa maneira utilizei o termo "caráter manipulador" em *Estudos sobre a personalidade autoritária*, e isso quando ainda não se conhecia o diário de Höss ou as anotações de Eichmann. Minhas descrições do caráter manipulador datam dos últimos anos da Segunda Guerra Mundial. Às vezes a psicologia social e a sociologia conseguem construir conceitos confirmados empiricamente só muito tempo depois. O caráter manipulador — e qualquer um pode acompanhar isso a partir das fontes disponíveis acerca desses líderes nazistas — se distingue pela fúria organizativa, pela incapacidade total de levar a cabo experiências humanas diretas, por um certo tipo de ausência de emoções, por um realismo exagerado. A qualquer custo ele procura praticar uma pretensa, embora delirante, *realpolitik*. Nem por um segundo sequer ele imagina o mundo diferente do que ele é, possesso pela vontade de *doing things*, de fazer coisas, indiferente ao conteúdo de tais ações. Ele faz do ser atuante, da atividade, da chamada *efficiency* enquanto tal, um culto, cujo eco ressoa na propaganda do homem ativo. Esse tipo encontra-se, entrementes — a crer em minhas observações e generalizando algumas pesquisas sociológicas —, muito mais disseminado do que se poderia imaginar. O que outrora era exemplificado apenas por alguns monstros nazistas pode ser constatado hoje a partir de casos numerosos, como delinquentes juvenis, líderes de quadrilhas e tipos semelhantes, diariamente presentes no noticiário. Se fosse obrigado a resumir em uma fórmula esse tipo de caráter manipulador — o que talvez seja equivocado embora útil à compreensão — eu o denominaria de o tipo da *consciência, coisificada**. No começo, as pessoas desse tipo se tornam por assim dizer iguais a coisas. Em seguida, na medida em que o conseguem, tornam os outros iguais a coisas. Isto é muito bem traduzido pela expressão *aprontar*, que goza de igual popularidade entre os valentões juvenis e entre os nazistas. Esta expressão *aprontar* define as pessoas como sendo coisas aprontadas em seu duplo sentido. Conforme Max Horkheimer, a tortura é a adaptação controlada e devidamente acelerada das pessoas aos coletivos. Algo disso encontra-se no espírito da época, por menos procedente que seja falar em espírito nesses termos. Enfim, resumirei citando Paul Valéry, que antes da última Guerra Mundial disse que a desumanidade teria um grande futuro. É particularmente difícil confrontar essa questão, porque aquelas pessoas manipuladoras, no fundo incapazes de fazer experiências, por isso mesmo revelam traços de incomunicabilidade, no que se identificam com certos doentes mentais ou personalidades psicóticas.

Nas tentativas de atuar contrariamente à repetição de Auschwitz pareceu-me fundamental produzir inicialmente uma certa clareza acerca do modo de constituição do caráter manipulador, para em seguida poder impedir da melhor maneira

---

* *Verdinglichung*, no original. A opção "coisificação" ou "coisificado" procurou veicular do modo mais simples, fluente e direto o que Adorno considerava ser o mais importante: atentar à conversão de uma relação humana em "coisa", alterando-se por essa via a experiência. Adorno baseou seu conceito de *Verdinglichung* no uso que dele fez Lukács em *História e consciência de classe* como aliás ocorreria com todos os integrantes da chamada Escola de Frankfurt, e existe uma tradição relativamente consolidada da versão por "reificação" no caso da obra de Lukács. A manutenção das características principais do fenômeno em ambos os autores, como a relação ao mecanismo da troca e à estrutura da mercadoria, bem como a dimensão formalista etc. Permitem, porém, usar tanto "coisificação" como "reificação" nos textos de Adorno. (N. do T.)

possível a sua formação, pela transformação das condições para tanto. Quero fazer uma proposta concreta: utilizar todos os métodos científicos disponíveis, em especial psicanálise durante muitos anos, para estudar os culpados por Auschwitz, visando a se possível descobrir como uma pessoa se torna assim. O que aqueles ainda podem fazer de bom é contribuir, em contradição com a própria estrutura de sua personalidade, no sentido de que as coisas não se repitam. E essa contribuição só ocorreria na medida em que colaborassem na investigação de sua gênese. Obviamente seria difícil levá-los a falar; em nenhuma hipótese seria possível aplicar qualquer procedimento semelhante a seus próprios métodos para aprender como eles se tornaram do jeito que são. De qualquer modo, entrementes eles se sentem — justamente em seu coletivo, com a sensação de que todos são velhos nazistas — tão protegidos, que praticamente nenhum demonstrou nem ao menos remorsos. Porém presumivelmente também neles, ou em alguns deles, existem pontos de apoio psicológicos mediante os quais seria possível mudar isso, como, por exemplo, seu narcisismo, ou, dito simplesmente, seu orgulho. Eles se sentirão importantes ao poder falar livremente a seu respeito, tal como Eichmann, cujas falas aparentemente preenchem fileiras inteiras de volumes. Finalmente, é de supor que também nessas pessoas, aprofundando-se suficientemente a busca, existam restos da velha instância da consciência moral que se encontra atualmente em grande parte em processo de dissolução. Na medida em que se conhecem as condições internas e externas que os tornaram assim — pressupondo por hipótese que esse conhecimento é possível —, seria possível tirar conclusões práticas que impeçam a repetição de Auschwitz. A utilidade ou não de semelhante tentativa só se mostrará após sua concretização; não pretendo superestimá-la. É preciso lembrar que as pessoas não podem ser explicadas automaticamente a partir de condições como estas. Em condições iguais alguns se tornaram assim, e outros de um jeito bem diferente. Mesmo assim valeria a pena. O mero questionamento de como se ficou assim já encerraria um potencial esclarecedor. Pois um dos momentos do estado de consciência e de inconsciência daninhos está em que seu ser-assim — que se é de um determinado modo e não de outro — é apreendido equivocadamente como natureza, como um dado imutável e não como resultado de uma formação. Mencionei o conceito de consciência coisificada. Esta é sobretudo uma consciência que se defende em relação a qualquer vir-a-ser, frente a qualquer apreensão do próprio condicionamento, impondo como sendo absoluto o que existe de um determinado modo. Acredito que o rompimento desse mecanismo impositivo seria recompensador.

No que diz respeito à consciência coisificada, além disso é preciso examinar também a relação com a técnica, sem restringir-se a pequenos grupos. Essa relação é tão ambígua quanto a do esporte, com que aliás tem afinidade. Por um lado, é certo que todas as épocas produzem as personalidades — tipos de distribuição da energia psíquica — de que necessitam socialmente. Um mundo em que a técnica ocupa uma posição tão decisiva como acontece atualmente, gera pessoas tecnológicas, afinadas com a técnica. Isso tem a sua racionalidade boa: em seu plano mais restrito elas serão menos influenciáveis, com as correspondentes consequências no plano geral. Por outro lado, na relação atual com a técnica existe algo de exagerado, irracional, patogênico. Isso se vincula ao "véu tecnológico". Os homens inclinam-se a considerar a técnica como sendo algo em si mesma, um fim em si mesmo, uma força própria, esquecendo que ela é a extensão do braço dos homens. Os meios — e a técnica é um conceito de meios dirigidos à autoconservação da espécie humana — são fetichizados, porque os fins — uma vida humana digna — encontram-se encobertos e desconectados da consciência das pessoas. Afirmações gerais como estas são até convincentes. Porém uma tal hipótese ainda é excessivamente abstrata. Não se sabe com certeza como se verifica a fetichização da técnica na psicologia individual dos indivíduos, onde está o ponto de transição entre uma relação racional com ela e aquela supervalorização, que leva, em última análise, quem projeta um sistema ferroviário para conduzir as vítimas a Auschwitz com maior rapidez e fluência, a esquecer o que acontece com estas vítimas em Auschwitz. No caso do tipo com tendências à fetichização da técnica, trata-se simplesmente de pessoas incapazes de amar. Isto não deve ser entendido num sentido sentimental ou moralizante, mas denotando a carente relação libidinal com outras pessoas. Elas são inteiramente frias e precisam negar também em seu íntimo a possibilidade do amor, recusando de antemão nas outras pessoas o seu amor antes que o mesmo se instale. A capacidade de amar, que de alguma maneira sobrevive, eles precisam aplicá-la aos meios. As personalidades preconceituosas e vinculadas à autoridade com que nos ocupamos em *Estudos sobre a personalidade autoritária*, em Berkeley, forneceram muitas evidências nesse sentido. Um sujeito experimental — e a própria expressão já é do repertório da consciência coisificada — afirmava de si mesmo: "I like nice equipament" [Eu gosto de equipamentos, de instrumentos bonitos], independentemente dos equipamentos em questão. Seu amor era absorvido por coisas, máquinas enquanto tais. O perturbador — porque torna tão desesperançoso atuar contrariamente a isso — é que essa tendência de desenvolvimento encontra-se vinculada ao conjunto da civilização. Combatê-lo significa o mesmo que ser contra o espírito do mundo; e dessa maneira apenas repito algo que apresentei no começo como sendo o aspecto mais obscuro de uma educação contra Auschwitz.

Afirmei que aquelas pessoas eram frias de um modo peculiar. Aqui vêm a propósito algumas palavras acerca da frieza. Se ela não fosse um traço básico da antropologia, e, portanto, da constituição humana como ela realmente é em nossa sociedade; se as pessoas não fossem profundamente indiferentes em relação ao que acontece com todas as outras, excetuando o punhado com que mantêm vínculos estreitos e possivelmente por intermédio de alguns interesses concretos, então Auschwitz não teria sido possível, as pessoas não o teriam aceito. Em sua configuração atual — e provavelmente há milênios — a sociedade não repousa em atração, em simpatia, como se supôs ideologicamente desde Aristóteles, mas na persecução dos próprios interesses frente aos interesses dos demais. Isso se sedimentou do modo mais profundo no caráter das pessoas. O que contradiz, o impulso grupal da chamada *lonely crowd*, da massa solitária, na verdade constitui uma reação, um enturmar-se de pessoas frias que não suportam a própria frieza mas nada podem fazer para alterá-la. Hoje em dia qualquer pessoa, sem exceção, se sente mal-amada, porque cada um é deficiente na capacidade de amar. A incapacidade para a identificação foi sem dúvida a condição psicológica mais importante para tornar possível algo como Auschwitz em meio a pessoas mais ou menos civilizadas e inofensivas. O que se chama de "participação oportunista" era antes de mais nada interesse prático: perceber antes de tudo a sua própria vantagem e não dar com a língua nos dentes para não se prejudicar. Essa é uma lei geral do existente. O silêncio sob o terror era apenas a consequência disto. A frieza da mônada social, do concorrente isolado, constituía, como indiferença frente ao destino do outro, o pressuposto para que apenas alguns raros se mobilizassem. Os algozes sabem disso; e repetidamente precisam se assegurar disso.

Não me entendam mal. Não quero pregar o amor. Penso que sua pregação é vã: ninguém teria inclusive o direito de pregá-lo, porque a deficiência de amor, repito, é uma deficiência de *todas* as pessoas, sem exceção, nos termos em que existem hoje. Pregar o amor pressupõe naqueles a quem nos dirigimos uma outra estrutura do caráter, diferente da que pretendemos transformar. Pois as pessoas que devemos amar são elas próprias incapazes de amar e por isso nem são tão amáveis assim. Um dos grandes impulsos do cristianismo, a não ser confundido com o dogma, foi apagar a frieza que tudo penetra. Mas essa tentativa fracassou; possivelmente porque não mexeu com a ordem social que produz e reproduz a frieza. Provavelmente até hoje nunca existiu aquele calor humano a que todos almejamos, a não ser durante períodos breves e em grupos bastante restritos, e talvez entre alguns selvagens pacíficos. Os utópicos frequentemente ridicularizados perceberam isso. Charles Fourier, por exemplo, definiu a atração como algo ainda por ser constituído por uma ordem social digna de um ponto de vista humano. Também reconheceu que essa situação só seria possível quando os instintos não fossem mais reprimidos, mas satisfeitos e liberados. Se existe algo que pode ajudar contra a frieza como condição da desgraça, então trata-se do conhecimento dos próprios pressupostos desta, bem como da tentativa de trabalhar previamente no plano individual contra esses pressupostos. Agrada pensar que a chance é tanto maior quanto menos se erra na infância, quanto melhor são tratadas as crianças. Mas mesmo aqui pode haver ilusões. Crianças que não suspeitam nada da crueldade e da dureza da vida acabam por ser particularmente expostas à barbárie depois que deixam de ser protegidas. Mas, sobretudo, não é possível mobilizar para o calor humano pais que são, eles próprios, produtos dessa sociedade, cujas marcas ostentam. O apelo a dar mais calor humano às crianças é artificial e por isso acaba negando o próprio calor. Além disso, o amor não pode ser exigido em relações profissionalmente intermediadas, como entre professor e aluno, médico e paciente, advogado e cliente. Ele é algo direto e contraditório com relações que em sua essência são intermediadas. O incentivo ao amor — provavelmente na forma mais imperativa, de um dever — constitui ele próprio parte de uma ideologia que perpetua a frieza. Ele combina com o que é impositivo, opressor, que atua contrariamente à capacidade de amar. Por isso o primeiro passo seria ajudar a frieza a adquirir consciência de si própria, das razões pelas quais foi gerada.

Para terminar, gostaria ainda de discorrer brevemente a respeito de algumas possibilidades de conscientização dos mecanismos subjetivos em geral, sem os quais Auschwitz dificilmente aconteceria. O conhecimento desses mecanismos é uma necessidade; da mesma forma também o é o conhecimento da defesa estereotipada, que bloqueia uma tal consciência. Quem ainda insiste em afirmar que o acontecido nem foi tão grave assim já está defendendo o que ocorreu, e, sem dúvida, seria capaz de assisti-lo ou colaborar com ele se tudo acontecesse de novo. Mesmo que o esclarecimento racional não dissolva diretamente os mecanismos inconscientes — conforme ensina o conhecimento preciso da psicologia —, ele ao menos fortalece na pré-consciência determinadas instâncias de resistência, ajudando a criar um clima desfavorável ao extremismo. Se a consciência cultural em seu conjunto fosse efetivamente perpassada pela premonição do caráter patogênico dos traços que se revelaram com clareza em Auschwitz, talvez as pessoas tivessem evitado melhor aqueles traços.

Além disso, seria necessário esclarecer quanto à possibilidade de haver um outro direcionamento para a fúria ocorrida em

Auschwitz. Amanhã pode ser a vez de um outro grupo que não os judeus, por exemplo os idosos, que escaparam por pouco no Terceiro Reich, ou os intelectuais, ou simplesmente alguns grupos divergentes. O clima — e quero enfatizar essa questão — mais favorável a um tal ressurgimento é o nacionalismo ressurgente. Ele é tão raivoso justamente porque nesta época de comunicações internacionais e de blocos supranacionais já não é mais tão convicto, obrigando-se ao exagero desmesurado para convencer a si e aos outros que ainda têm substância.

De qualquer modo, haveria que mostrar as possibilidades concretas da resistência. Por exemplo, a história dos assassinatos por eutanásia, que acabaram não sendo cometidos na dimensão pretendida pelos nazistas na Alemanha, graças à resistência manifestada. A resistência limitava-se ao próprio grupo; e justamente este é um sintoma bastante notável e amplo da frieza geral. Além de tudo, porém, ela é limitada também em face da insaciabilidade presente no princípio das perseguições. Em última instância, qualquer pessoa não pertencente ao grupo perseguidor pode ser atingida; portanto, existe um interesse egoísta drástico a que se poderia apelar. Enfim, seria necessário indagar pelas condições específicas, históricas, das perseguições. Em uma época em que o nacionalismo é antiquado, os chamados movimentos de renovação nacional são, ao que tudo indica, particularmente sujeitos a práticas sádicas.

Finalmente, o centro de toda educação política deveria ser que Auschwitz não se repita. Isso só será possível na medida em que ela se ocupe da mais importante das questões sem receio de contrariar quaisquer potências. Para isso teria de se transformar em sociologia, informando acerca do jogo de forças localizado por trás da superfície das formas políticas. Seria preciso tratar criticamente um conceito tão respeitável como o da razão de

Estado, para citar apenas um modelo: na medida em que colocamos o direito do Estado acima do de seus integrantes, o terror já passa a estar potencialmente presente.

Em Paris, durante a emigração, quando eu ainda retornava esporadicamente à Alemanha, certa vez Walter Benjamin me perguntou se ali ainda havia algozes em número suficiente para executar o que os nazistas ordenavam. Havia. Apesar disso a pergunta é profundamente justificável. Benjamin percebeu que, ao contrário dos assassinos de gabinete e dos ideólogos, as pessoas que *executam* as tarefas agem em contradição com seus próprios interesses imediatos, são assassinas de si mesmas na medida em que assassinam os outros. Temo que será difícil evitar o reaparecimento de assassinos de gabinete, por mais abrangentes que sejam as medidas educacionais. Mas que haja pessoas que, em posições subalternas, como serviçais, façam coisas que perpetuam sua própria servidão, tornando-as indignas; que continue a haver Bogers e Kaduks, contra isso é possível empreender algo mediante a educação e o esclarecimento.

Educação — para quê?

Becker — Atualmente, na Alemanha, o termo "planejamento educacional" tem um uso sobretudo quantitativo. Tenho a impressão que, mesmo levando justificadamente em conta a situação de carência existente nesse âmbito, corremos o risco de discorrer repetidamente acerca de números e necessidades materiais, esquecendo que o planejamento educacional é também um planejamento de conteúdo. Na verdade não existe um planejamento quantitativo sem aspectos de conteúdo. Toda ampliação quantitativa de nossa estrutura escolar implica imediatamente consequências qualitativas. O exemplo mais prático é o da propaganda educacional, objetivando levar à escola superior a maior quantidade de pessoas. Nesses termos também se modifica a escola superior do ponto de vista do conteúdo. Nessa medida parece-me urgente incluir na discussão a questão de *o que é* e a questão de *para que é* a educação, o que não significa excluir considerações quantitativas, mas situá-las no contexto geral a que pertencem necessariamente.

Adorno — Pelo que sei, justamente os estatísticos, na medida em que refletem sobre seu próprio ofício, concordariam com o senhor e, se posso me adiantar, também comigo: eles diriam que quaisquer considerações quantitativas possuem afinal um objetivo qualitativo de conhecimento. Quando sugeri que nós conversássemos sobre: "Formação — para quê?" ou "Educação — para quê?", a intenção não era discutir para que fins a educação ainda seria necessária, mas sim: para onde a educação deve conduzir? A intenção era tomar a questão do objetivo educacional em um sentido muito fundamental, ou seja, que uma tal discussão geral acerca do objetivo da educação tivesse preponderância frente à discussão dos diversos campos e veículos da educação.

Becker — Penso que nisso estamos inteiramente de acordo. O decisivo parece-me ser que vivemos num tempo em que, ao que tudo indica, o "para quê" já não é mais evidente.

Adorno — O problema é precisamente esse. É bastante conhecida a anedota infantil da centopeia que, perguntada quando movimenta cada uma de suas pernas, fica inteiramente paralisada e incapaz de avançar um passo sequer. Ocorre algo semelhante com a educação e a formação. Houve tempos em que esses conceitos, como dizia Hegel, eram substanciais, compreensíveis por si mesmos a partir da totalidade de uma cultura, e não eram problemáticos em si mesmos. Mas hoje tornaram-se problemáticos nesses termos. No instante em que indagamos: "Educação — para quê?", onde esse "para quê" não é mais compreensível por si mesmo, ingenuamente presente, tudo se torna inseguro e requer reflexões complicadas. E sobretudo uma vez perdido esse "para quê", ele não pode ser simplesmente restituído por um ato de vontade, erigindo um objetivo educacional a partir do seu exterior.

Becker — Bem, confesso que para mim a situação em que o objetivo educacional tinha validade evidente de maneira nenhuma parece ser necessariamente a melhor. Mas essa diferença deverá constituir um ponto de partida. Não há necessidade de nos ocuparmos da situação por assim dizer anterior à perda da inocência, pois é certo que ela se encontra definitivamente perdida. O interessante é que agora sempre ressurge a exigência de restaurar a inocência, exigência com que nos defrontamos com mais clareza na evocação de novos modelos ideais (*Leitbilder*). Algum tempo atrás, além de questionar com muita propriedade essa ideologia dos modelos ideais em sua conferência "A caminho de novos ideais", Georg Picht também tornou claro que hoje em dia a educação já não pode ser uma educação voltada a determinados modelos ideais. Aqui seria anunciada uma inflexão decisiva na pedagogia moderna. Eu diria que atualmente a educação tem muito mais a declarar acerca do comportamento no mundo do que intermediar para nós alguns modelos ideais preestabelecidos. Pois se não fosse por outro motivo, a simples e acelerada mudança da situação social bastaria para exigir dos indivíduos qualidades que podem ser designadas como capacitação à flexibilidade, ao comportamento emancipado e crítico.

Adorno — É bastante conhecida a minha concordância com a crítica ao conceito de modelo ideal [*Leitbild*]. Essa expressão se encaixa com bastante precisão na esfera do jargão da autenticidade [*Jargon der Eigentlichkeit*] que procurei atacar em seus fundamentos. Em relação a essa questão, gostaria apenas de atentar a um momento específico no conceito de modelo ideal, o da *heteronomia*, o momento autoritário, o que é imposto a partir do exterior. Nele existe algo de usurpatório. É de se perguntar de onde alguém se considera no direito de decidir a respeito da orientação da educação dos outros. As condições — provenientes do mesmo plano de linguagem e de pensamento ou de não pensamento — em geral também correspondem a esse modo de pensar. Encontram-se em contradição com a ideia de um homem autônomo, emancipado, conforme a formulação definitiva de Kant na exigência de que os homens tenham que se libertar de sua autoinculpável menoridade.

A seguir, e assumindo o risco, gostaria de apresentar a minha concepção inicial de *educação*. Evidentemente não a assim chamada modelagem de pessoas, porque não temos o direito de modelar pessoas a partir do seu exterior; mas também não a mera transmissão de conhecimentos, cuja característica de coisa morta já foi mais do que destacada, mas a *produção de uma consciência verdadeira*. Isso seria inclusive da maior importância política; sua ideia, se é permitido dizer assim, é uma exigência política. Isto é: uma democracia com o dever de não apenas funcionar, mas operar conforme seu conceito, demanda pessoas emancipadas. Uma democracia efetiva só pode ser imaginada como uma sociedade de quem é emancipado.

Numa democracia, quem defende ideais contrários à emancipação e, portanto, contrários à decisão consciente independentemente de cada pessoa em particular, é um antidemocrata, até mesmo se as ideias que correspondem a seus desígnios são difundidas no plano formal da democracia. As tendências de apresentação de ideais exteriores que não se originam a partir da própria consciência emancipada, ou melhor, que se legitimam frente a essa consciência, permanecem sendo coletivistas reacionárias. Elas apontam para uma esfera a que deveríamos nos opor não só exteriormente pela política, mas também em outros planos muito mais profundos.

*Becke*r — Concordo inteiramente com o senhor. Gostaria de enfatizar apenas que também no que se refere ao conceito do "homem emancipado" é preciso tomar cuidado para não convertê-lo em um ideal orientador.

Poderia apresentar ainda um argumento que talvez muitos professores apresentariam a partir de sua prática. Eles diriam: a juventude não deseja uma consciência crítica. A juventude quer modelos ideais, quer exatamente aquilo que o senhor criticou há pouco, e eles lhes trariam uma grande quantidade de exemplos concretos da sua prática cotidiana que aparentemente lhes dariam razão. Existe um estágio no desenvolvimento humano em que todos os modelos ideais encontram-se ameaçados — penso no período da adolescência em seu sentido amplo —, e o senhor sabe que existem pessoas em que esse período se prolonga por toda a vida. Essa ameaça aos ideais vincula-se a uma mania por modelos ideais, que não pode ser superada simplesmente por meio da oferta de ideais, do mesmo modo que a tendência imanente ao nacionalismo não pode ser detida mediante discursos patrióticos. Penso ser importante que o princípio do esclarecimento da consciência seja aplicado na prática educacional em relação a essa idade. Assim ficaria claro que paralelamente à mania por modelos ideais presente nessa idade ocorre uma demanda de esclarecimento — um fato demasiada e frequentemente esquecido.

Adorno — Ao que tudo indica, teremos novamente uma discussão acalorada. Concordo com o senhor; a ideia da emancipação, como parece inevitável com conceitos desse tipo, é ela própria ainda demasiado abstrata, além de encontrar-se relacionada a uma dialética. Esta precisa ser inserida no pensamento e também na prática educacional. As perguntas que o senhor apresentou pertencem em sua totalidade a uma prática que pretende gerar emancipação. Penso sobretudo em dois problemas difíceis que é preciso levar em conta quando se trata de emancipação.

Em primeiro lugar, a própria organização do mundo em que vivemos e a ideologia dominante — hoje muito pouco parecida com uma determinada visão de mundo ou teoria —, ou seja, a organização do mundo converteu-se a si mesma imediatamente em sua própria ideologia. Ela exerce uma pressão tão imensa sobre as pessoas, que supera toda a educação. Seria efetivamente idealista no sentido ideológico se quiséssemos combater o conceito de emancipação sem levar em conta o peso imensurável do obscurecimento da consciência pelo existente. No referente ao segundo problema, deverá haver entre nós diferenças muito sutis em relação ao problema da adaptação. De um certo modo, emancipação significa o mesmo que conscientização, racionalidade. Mas a realidade sempre é simultaneamente uma comprovação da realidade, e esta envolve continuamente um movimento de adaptação.

A educação seria impotente e ideológica se ignorasse o objetivo de adaptação e não preparasse os homens para se orientarem no mundo. Porém ela seria igualmente questionável se ficasse nisso, produzindo nada além de *well adjusted people*, pessoas bem ajustadas, em consequência do que a situação existente se impõe precisamente no que tem de pior. Nesses termos, desde o início existe no conceito de educação para a consciência e para a racionalidade uma ambiguidade. Talvez não seja possível superá-la no existente, mas certamente não podemos nos desviar dela.

Becker — Quando há pouco chamei a educação de um equipar-se para orientar-se no mundo, referia-me então a essa relação dialética. Evidentemente a aptidão para se orientar no mundo é impensável sem adaptações. Mas ao mesmo tempo impõe-se equipar o indivíduo de um modo tal que mantenha suas qualidades pessoais. A adaptação não deve conduzir à perda da individualidade em um conformismo uniformizador. Essa tarefa é tão complicada porque precisamos nos libertar de um sistema educacional referido apenas ao indivíduo. Mas, por outro lado, não devemos permitir uma educação sustentada na crença de poder eliminar o indivíduo. E essa tarefa de reunir na educação simultaneamente princípios individualistas e sociais, simultaneamente — como diz Schelsky — adaptação e resistência, é particularmente difícil ao pedagogo no estilo vigente. Certa feita, quando discorria acerca de educação política para jovens professores, mostrei por que acredito que quem deseja educar para a democracia precisa esclarecer com muita precisão as debilidades dela. Eis um exemplo de como nossa educação constitui necessariamente um procedimento dialético, porque só podemos viver a democracia e só podemos viver na democracia quando nos damos conta igualmente de seus defeitos e de suas vantagens.

Adorno — Sugiro neste ponto uma pequena reflexão histórica. A importância da educação em relação à realidade muda historicamente. Mas se ocorre o que eu assinalei há pouco — que a realidade se tornou tão poderosa que se impõe desde o início aos homens —, de forma que esse processo de adaptação seria realizado hoje de um modo antes automático. A educação por meio da família, na medida em que é consciente, por meio da escola, da universidade teria neste momento de conformismo onipresente muito mais a tarefa de fortalecer a resistência do que de fortalecer a adaptação. Se posso crer em minhas observações, suporia mesmo que entre os jovens e, sobretudo, entre as crianças encontra-se algo como um realismo supervalorizado — talvez o correto fosse: pseudorrealismo — que remete a uma cicatriz. Pelo fato de o processo de adaptação ser tão desmesuradamente forçado por todo o contexto em que os homens vivem, eles precisam impor a adaptação a si mesmos de um modo dolorido, exagerando o realismo em relação a si mesmo e, nos termos de Freud, identificando-se ao agressor. A crítica desse realismo supervalorizado parece-me ser uma das tarefas educacionais mais decisivas, a ser implementada, entretanto, já na primeira infância.

Becker — O senhor fala da primeira infância. Sabemos hoje que até mesmo o objetivo da igualdade das oportunidades educacionais só pode ser realizado na medida em que eliminamos a barreira da língua numa idade anterior ao início da escolarização obrigatória.

As pesquisas de Basil Bernstein e outros tornaram isso muito claro. De acordo com isso, a educação informal é mais importante do que a formal. Mesmo assim, creio que é preciso pensar se não devemos providenciar disposições de educação formal para amplos setores da população na faixa do terceiro ao quinto ano de idade, porque apenas nessa medida se criará igualdade de condições sociais iniciais. Mas o senhor se referia a uma outra importância da educação infantil precoce, de que por assim dizer para o comportamento interior, para a consciência da realidade, colocam-se decisões nesta primeira infância que em sociedades do passado possivelmente eram tomadas inconscientemente de modo correto. Quero deixar o problema em aberto. Certamente hoje em dia essas decisões não podem, na prática, ser tomadas corretamente sem consciência, de maneira que também aqui precisam intervir as instituições de uma *preschool-education*, dispositivos de uma educação pré-escolar, com uma concepção clara a esse respeito.

Menciono essa questão porque a Alemanha é um país que inventou o jardim de infância [*Kindergarten*], tornando-se por isso mundialmente famosa. Mas justamente porque o jardim de infância desde o início teve grande importância, ele não foi adequado a essas novas tarefas e hoje não se encontra mais à altura delas. Parece-me que a tarefa de intermediar uma consciência da realidade, uma tarefa intimamente vinculada à relação entre teoria e prática, não pode por assim dizer ser tratada em nível universitário, mas precisa ser realizada a partir da primeira educação infantil mediante uma educação permanente durante toda a vida. Agora, justamente a ideia de uma desvinculação entre teoria e prática encontra-se consolidada de um modo tão infeliz na história da cultura alemã, que desde o começo barreiras inteiras precisam ser removidas para erigir na educação as bases para uma relação adequada entre teoria e prática.

Adorno — Aqui encontra-se uma tarefa bastante concreta para o que senhor chama de pesquisa educacional. Dito com muita simplicidade: seria preciso estudar o que as crianças hoje em dia não conseguem mais apreender: o indescritível empobrecimento do repertório de imagens, da riqueza de *imagines* sem a qual elas crescem, o empobrecimento da linguagem e de toda a expressão. Assim como o senhor, também pretendi discutir se a escola não pode assumir essa tarefa. Aqui nos deparamos com os fenômenos mais peculiares. Há bastante tempo vivenciei o caso de uma criança proveniente de uma família notavelmente musical, mas que já não conhecia obras cuja ocorrência era natural na casa de seus pais, como o *Tristão*, embora uma tal experiência musical ainda tenha sido substantiva e presente em seu próprio meio. Situações como essa teriam que ser analisadas. Ainda não temos ideia das transformações profundas que ocorrem principalmente nas chamadas camadas cultas da burguesia. Além disso, é preciso lembrar que hoje — e isso é bom — inserem-se no processo educacional milhões de pessoas que antigamente não participavam dele e que desde o início provavelmente não possuem condições de perceber aquilo a que nos referimos.

Sem nenhuma intenção polêmica, quero acrescentar que o lado institucional e, portanto, a realização objetiva de tais âmbitos da experiência são acompanhados de grandes dificuldades nesse plano extremamente sutil, que tem algo a ver com a memória involuntária, e de uma maneira geral se refere ao involuntário. Para usar mais uma vez a referência à música: experiências musicais na primeira infância a gente tem, por exemplo, quando, levado a deitar na cama para dormir, acompanhamos desobedientes e com os ouvidos atentos à música de uma sonata para violino e piano de Beethoven proveniente da sala ao lado. Mas, se adquirirmos essa experiência mediante um processo, ele próprio por sua vez ordenado, torna-se duvidosa a mesma profundidade da experiência. Não pretendo especular nesta oportunidade acerca dessa questão, mas apenas chamar a atenção para um ponto nevrálgico.

Becker — Lembro-me de uma conversa em que explicava os princípios do moderno planejamento no plano político a uma criança então com doze ou treze anos. E ela perguntou: "Como vocês planejam os erros?" Do mesmo jeito me sinto agora, quando o senhor coloca a questão: "Onde fica em todo esse sistema aquilo que é espontâneo, aquilo que é criativo?" Eu diria que é preciso se conscientizar também desse fator na educação. Não podemos mais contar melancolicamente com a audição de uma sonata de Beethoven da sala ao lado, mas é preciso contar com a probabilidade de isso não ocorrer.

Penso ser necessário que, desde o início, na primeira educação infantil, o processo de conscientização se desenvolva paralelamente ao processo de promoção da espontaneidade, e nesse sentido é extremamente interessante verificar como a metodologia da *preschool-education* [educação pré-escolar] dos Estados Unidos é muito mais imaginativa na invenção de métodos nesse campo, simplesmente porque, para ela, essa necessidade colocou-se antes. Em uma conferência recente em Viena, Bogdan Suchodolski, provavelmente o mais importante pedagogo polonês, definiu a educação como "preparação para a superação permanente da alienação".

Penso que no referido processo de atenção ao espontâneo e de simultânea conscientização realiza-se uma espécie de superação da alienação, e a partir dessa perspectiva parece-me necessário rever a estratégia interna das várias disciplinas educacionais. O que quero dizer pode ser explicado melhor a partir de um exemplo da matemática. É bastante conhecida a história das pessoas que seriam totalmente desprovidas de vocação para a matemática, em que sempre tirariam nota "zero", mas em compensação tirariam "dez" em filosofia e em latim. Hoje sabemos que essa situação se sustenta num ensino de matemática baseado em decorar fórmulas, mantendo a axiomática em segundo plano, enquanto o moderno ensino de matemática, tal como desenvolvido, por exemplo, nos países da OCDE [Organização para a Cooperação e o Desenvolvimento Econômico] e ensinado na Europa ocidental e na União Soviética, apreende a matemática como princípio fundamental do pensamento. Como princípio fundamental do pensamento criador ele já se apresenta numa idade em que o método vigente de ensino acreditava poder se basear apenas na decoreba. Poderia arrolar situações semelhantes em relação a outras disciplinas. Penso que o senhor poderia me explicar melhor como, por exemplo, no plano da educação musical, o processo de conscientização e o processo da espontaneidade deveriam se inter-relacionar no caso da introdução à música moderna.

Adorno — Tenho uma certa prevenção em relação a isso. Eu me oponho por assim dizer à inflação instalada em relação ao conceito de "alienação". Os chamados fenômenos da alienação baseiam-se na estrutura social. O defeito mais grave com que nos defrontamos atualmente consiste em que os homens não são mais aptos à experiência, mas interpõem entre si mesmos e aquilo a ser experimentado aquela camada estereotipada a que é preciso se opor. Penso aqui sobretudo também no papel desempenhado na consciência e no inconsciente pela técnica, possivelmente muito além de sua função real. Uma educação efetivamente procedente em direção à emancipação frente a esses fenômenos não poderia ser separada dos questionamentos da psicologia profunda.

Becker — Em sua opinião a ausência de experiência não poderia em parte ser causada pelo excesso de historicização de nossa educação, e com o fato de que, com a historicização, abandonou-se a experiência imediata da realidade contemporânea, e que, na verdade, trata-se de vincular uma consciência histórica correta, inclusive, a uma execução correta da experiência espontânea?

Adorno — Provavelmente nesse caso o fenômeno em causa não é tipicamente alemão, vinculado ao historicismo, mas sim mundial. Porém, fica a pergunta: afinal, o que é isso, essa inaptidão à experiência? O que acontece, e o que, se houver algo, poderia ser feito para a reanimação da aptidão a realizar experiências?

Becker — Penso que essa questão da inaptidão à experiência tem uma vinculação bastante imediata à relação perturbada entre teoria e prática.

Adorno — Gostaria de começar alertando para um fato psicodinâmico. Todas essas coisas não seriam simplesmente uma ausência de funções ou de possibilidades. Mas elas seriam provenientes de um antagonismo em relação à esfera da consciência. Provavelmente em um número incontável de pessoas exista hoje, sobretudo durante a adolescência e possivelmente até antes, algo como uma aversão à educação. Elas querem se desvencilhar da consciência e do peso de experiências primárias, porque isso só dificulta sua orientação. Na adolescência desenvolve-se, por exemplo, o tipo que afirma — se posso recorrer mais uma vez à música —: "A época da música séria já passou; a música de nosso tempo é o *jazz* ou o *beat*." Isso não é uma experiência primária, mas sim, se posso usar a expressão nietzschiana, um fenômeno de ressentimento. Essas pessoas odeiam o que é diferenciado, o que não é moldado, porque são excluídos dele e porque, se o aceitassem, isso dificultaria sua "orientação existencial", como diria Karl Jaspers. Por isso, rangendo dentes, elas como que escolhem contra si mesmas aquilo que não é propriamente sua vontade. A constituição da aptidão à experiência consistiria essencialmente na conscientização e, dessa forma, na dissolução desses mecanismos de repressão e dessas formações reativas que deformam nas próprias pessoas sua aptidão à experiência. Não se trata, portanto, apenas da ausência de formação, mas da hostilidade frente a mesma, do rancor frente àquilo de que são privadas. Este teria de ser dissolvido, conduzindo-se as pessoas àquilo que no íntimo todas desejam. Há pouco o senhor afirmava com muita procedência que existe também uma exigência de esclarecimento, e no mínimo com força igual à exigência por modelos ideais. Isso é muito procedente. Esse é provavelmente o aspecto decisivo daquilo que nos encontramos discutindo.

Becker — Sim, e acrescento que essa aptidão à experiência constitui propriamente um pressuposto para o aumento do nível de reflexão. Sem aptidão à experiência não existe propriamente um nível qualificado de reflexão.

Adorno — Nisso concordo totalmente com o senhor.

Becker — Por essa via nos acercamos de uma interessante questão. As tarefas que há pouco atribuíamos à educação já não são mais atribuições de alguma formação superior — mas elas também se colocam em planos que, vistos pelas representações hierárquicas da formação, situam-se mais embaixo. Justamente na formação profissional do trabalhador necessita-se uma aptidão à experiência desenvolvida e um elevado nível de reflexão, para preservar-se em situações em permanente transformação e suportando aquilo que o senhor designou como "pressão do mundo administrado".

O que estamos discutindo aqui não pode ser relacionado ao colégio ou à universidade a partir de fórmulas consagradas, mas sim ao conjunto da estrutura educacional, da *preschool-education* até a formação para idosos. Em todas essas formas da educação, inclusive naquelas que aparentemente têm objetivos práticos imediatos, tais como peculiaridades da formação profissional, questões como as discutidas há pouco são relevantes.

Adorno — Creio que isso se vincula intimamente ao próprio conceito de racionalidade ou de consciência. Em geral esse conceito é apreendido de um modo excessivamente estreito, como capacidade formal de pensar. Mas esta constitui uma limitação da inteligência, um caso especial da inteligência, de que certamente há necessidade. Mas aquilo que caracteriza propriamente a consciência é o pensar em relação à realidade, ao conteúdo — a relação entre as formas e estruturas de pensamento do sujeito e aquilo que este não é. Este sentido mais profundo de consciência ou faculdade de pensar não é apenas o desenvolvimento lógico formal, mas ele corresponde literalmente à capacidade de fazer experiências. Eu diria que pensar é o mesmo que fazer experiências intelectuais. Nessa medida e nos termos que procuramos expor, a educação para a experiência é idêntica à educação para a emancipação.

Becker — E antes de tudo a educação para a experiência é idêntica à educação para a imaginação.

Becker — Em relação a instituições como as escolas de orientação montessoriana é preciso tomar cuidado porque é interessante como aqui frequentemente uma teoria incorreta resultou numa prática acertada ou então uma teoria correta resultou numa prática equivocada. Uma das irracionalidades da pedagogia é que iniciativas pedagógicas decisivas são devidas a teorias totalmente equivocadas. Isso tem a ver com o fato de que, nesse contexto, a tradução da teoria para a prática não é tão direta como talvez esperássemos em termos estritamente sistemáticos.

Adorno — Incidentalmente quero enfatizar que, em nossa discussão, atingimos involuntariamente uma certa justificativa para o plano de relativa generalidade em que nossas considerações se movem: as estruturas a que nos referimos são prefiguradas pelo conjunto da sociedade, nem são específicas em relação a determinados estratos, nem se referem a meios educacionais específicos, como se poderia pensar. Isso ficou claro em nossa discussão: ela se refere a um plano subjacente à educação formal do eu.

E, finalmente, eu queria dizer algo acerca da individuação. O senhor referiu-se à educação para a individualidade, e por certo o interindividualismo que dominou a pedagogia alemã durante tanto tempo, e que ainda se faz sentir, era reacionário, fascistoide. É preciso se opor ao interindividualismo autoritário. Porém, por outro lado, esta não é uma questão fácil. A educação para a individualidade não pode ser postulada. Hoje existe uma ampla carência de possibilidades sociais de individuação, porque as possibilidades sociais mais reais, ou seja, os processos de trabalho, já não exigem mais as propriedades especificamente individuais.

Becker — Perdão se o interrompo. Também no que se refere a essa questão aconselho um certo cuidado, porque a rapidez das mudanças no processo de trabalho recoloca novas medidas de comportamento individual. No fundo a preocupação dos educadores com a linha de montagem já é praticamente um tema pedagógico de anteontem. A necessidade de contínuas mudanças exige uma espécie determinada de disposições individuais novas.

Adorno — Certo, entretanto sempre há algo de novo e afinal sempre novamente o mesmo. Receio que agora não seja possível discutir essa questão. Contudo creio que não se deve superestimar a suposta individuação do trabalho. E me restrinjo a expor isso como tese.

Becker — Além disso, eu diria que a permanente mudança nessas funções torna necessária uma espécie de educação para a resistência e para o controle das mudanças. Essa educação para suportar as contínuas mudanças é aquilo que confere um novo significado ao indivíduo — novo, face a uma pedagogia tradicional que pensava o individual como sendo fixo e estático.

Adorno — Mesmo assim penso que atualmente a sociedade premia em geral uma não individuação; uma atitude colaboracionista. Paralelamente a isso acontece aquele enfraquecimento da formação do eu, que de há muito é conhecida da psicologia como "fraqueza do eu". Por fim, é preciso lembrar também que o próprio indivíduo, e, portanto, a pessoa individualizada que insiste estritamente no interesse próprio, e que, num certo sentido, considera a si mesma como fim último, também é bastante problemática. Se hoje o indivíduo desaparece — não tem jeito, sou um velho hegeliano —, então também é verdade que o indivíduo colhe o que ele mesmo semeou.

Becker — Certo, mas se o indivíduo desaparece, então também a sociedade desaparecerá: isso também é claro para os hegelianos.

Adorno — Lembro apenas que há uma frase de Goethe, referindo-se a um artista de quem era amigo, em que diz que "ele se educou para a originalidade". Creio que o mesmo vale para o problema do indivíduo.

Eu não diria que é possível conservar a individualidade das pessoas. Ela não é algo dado. Mas talvez a individualidade se forme precisamente no processo da experiência que Goethe ou Hegel designaram como "alienação", na experiência do não eu no outro.

A situação é paradoxal. Uma educação sem indivíduos é opressiva, repressiva. Mas quando procuramos cultivar indivíduos da mesma maneira que cultivamos plantas que regamos com água, então isso tem algo de quimérico e de ideológico. A única possibilidade que existe é tornar tudo isso consciente na educação; por exemplo, para voltar mais uma vez à adaptação, colocar no lugar da mera adaptação uma concessão transparente a si mesma onde isso é inevitável, e em qualquer hipótese confrontar a consciência desleixada. Eu diria que hoje o indivíduo só sobrevive como núcleo impulsionador da resistência.

Becker — Podemos concordar em que formamos as pessoas para a sua individualidade e ao mesmo tempo para sua função na sociedade?

Adorno — Do ponto de vista formal, naturalmente isso é evidente. Entretanto acredito apenas que no mundo em que nós vivemos esses dois objetivos não podem ser reunidos. A ideia de uma espécie de harmonia, tal como ainda vislumbrada por Humboldt, entre o que funciona socialmente e o homem formado em si mesmo, tornou-se irrealizável.

Becker — Não. Trata-se de resistir a essas tensões, que são insolúveis tal como o é a relação entre teoria e prática, que se encontra no ponto central de nossa educação moderna.

Adorno — Mas nesse caso a educação também precisa trabalhar na direção dessa ruptura, tornando consciente a própria ruptura em vez de procurar dissimulá-la e assumir algum ideal de totalidade ou tolice semelhante.

A educação contra a barbárie

Adorno — A tese que gostaria de discutir é a de que desbarbarizar tornou-se a questão mais urgente da educação hoje em dia. O problema que se impõe nessa medida é saber se por meio da educação pode-se transformar algo de decisivo em relação à barbárie. Entendo por barbárie algo muito simples, ou seja, que, estando na civilização do mais alto desenvolvimento tecnológico, as pessoas se encontrem atrasadas de um modo peculiarmente disforme em relação a sua própria civilização — e não apenas por não terem em sua arrasadora maioria experimentado a formação nos termos correspondentes ao conceito de civilização, mas também por se encontrarem tomadas por uma agressividade primitiva, um ódio primitivo ou, na terminologia culta, um impulso de destruição, que contribui para aumentar ainda mais o perigo de que toda esta civilização venha a explodir, aliás uma tendência imanente que a caracteriza. Considero tão urgente impedir isso que eu reordenaria todos os outros objetivos educacionais por essa prioridade.

Becker — Quando formulamos a questão da barbárie de um modo tão amplo, então, é evidente, é muito fácil angariar apoio, porque obviamente todos serão de imediato contrários à barbárie. Mas se quisermos testar como a educação pode interferir nesse fenômeno ou agir profilaticamente para evitá-lo, parece-me necessário caracterizar com mais precisão o que é a barbárie e de onde ela surge. Nesse caso precisamos indagar se uma pessoa em todos os sentidos compensada, temperada, esclarecida, livre de agressões e, portanto, não motivada à capacidade da agressão, constitui em si um produto almejável da sociedade.

Adorno — Eu começaria dizendo algo terrivelmente simples: que a tentativa de superar a barbárie é decisiva para a sobrevivência da humanidade. A obviedade a que o senhor se referiu deixa de sê-lo quando observamos as concepções educacionais vigentes, sobretudo as existentes na Alemanha, em que são importantes concepções como aquela pela qual as pessoas devam assumir compromissos, ou que tenham que se adaptar ao sistema dominante, ou que devam se orientar conforme valores objetivamente válidos e dogmaticamente impostos. Pela minha visão da situação da educação alemã, o problema da desbarbarização não foi colocado com a nitidez e a gravidade com que pretendo abordá-lo aqui. Isso basta para colocar em discussão uma tal aparente obviedade.

Becker — Talvez por um momento fosse necessário não se restringir à Alemanha e perguntar se esse problema não se coloca de um modo semelhante no mundo inteiro. Embora uma determinada forma da pedagogia de orientação idealista seja tipicamente alemã nesse contexto, os perigos da barbarização, mesmo que em roupagens diferentes, também se colocam em outros países. Se quisermos combater esse fenômeno por meio da educação, deverá ser decisivo remetê-lo a seus fatores psicológicos básicos...

Adorno — Não apenas aos psicológicos, mas também aos objetivos, que se encontram nos próprios sistemas sociais.

Becker — Eu concebo a psicologia também como um fator objetivo.

Adorno — Sim, porém entendo como sendo fatores objetivos neste caso os momentos sociais que, independentemente da alma individual dos homens singulares, geram algo como a barbárie. Neste momento, estou mais inclinado a desenvolver essas questões na situação alemã. Não por pensar que não sejam igualmente agudas em outros lugares, mas porque de qualquer modo na Alemanha aconteceu a mais horrível explosão de barbárie de todos os tempos, e porque, afinal, conhecemos a situação alemã melhor a partir de nossa própria experiência viva.

Becker — Havendo consciência de se tratar de um fenômeno geral, podemos começar a partir do exemplo alemão. E como o senhor afirma com muita procedência, existem muitos motivos para tanto. Na questão "O que é possível à educação?" sempre nos defrontamos com o problema de até que ponto uma vontade consciente introduz fatos na educação, que, por sua vez, provocam indiretamente a barbárie.

Adorno — Mas também o contrário. Quando o problema da barbárie é colocado com toda sua urgência e agudeza na educação, e justamente em instituições como a sua, que desempenha um papel-chave na estrutura educacional da Alemanha hoje, então me inclinaria a pensar que o simples fato de a questão da barbárie estar no centro da consciência provocaria por si uma mudança. Por outro lado, que existam elementos de barbárie, momentos repressivos e opressivos no conceito de educação e, precisamente, também no conceito da educação pretensamente culta, isso eu sou o último a negar. Acredito que — e isto é Freud puro — justamente esses momentos repressivos da cultura produzem e reproduzem a barbárie nas pessoas submetidas a essa cultura.

Becker — Por outro lado, poderíamos dizer que se exagerarmos a ênfase à desbarbarização, então contribuímos para evitar a mudança da sociedade. Ajudamos eventualmente também a evitar um desenvolvimento em direção a "novas fronteiras", como se diz na América. Servimos, por assim dizer, à realização do lema "A calma é a obrigação primordial da cidadania"; e penso que o decisivo estaria em determinar o conteúdo preciso da desbarbarização em face de muitas exigências ingênuas de tolerância e de calma. Estou convencido que isso não significa para o senhor um desenvolvimento hostil a mudanças. Mas seria decisivo determinar com precisão o que a desbarbarização deva ser nesse contexto.

Adorno — Concordo inteiramente com o senhor quanto a que o que imagino ser a desbarbarização não se encontra no plano de um elogio à moderação, uma restrição das afeições fortes, e nem mesmo nos termos da eliminação da agressão. Nesse contexto parece-me permanecer totalmente procedente a proposição de Strindberg: "Como eu poderia amar o bem, se não odiasse o mal."

De resto, o conhecimento psicológico defendido como teoria justamente por Freud, com cujas reflexões acerca dessas questões ambos nos revelamos impressionados, encontra-se em concordância também com a possibilidade de sublimar de tal modo os chamados instintos de agressão, acerca dos quais inclusive ele manifestou concepções bastante diferentes durante sua vida, de maneira que justamente eles conduzam a tendências produtivas. Portanto, creio que na luta contra a barbárie ou em sua eliminação existe um momento de revolta que poderia ele próprio ser designado como bárbaro, se partíssemos de um conceito formal de humanidade. Mas já que todos nós nos encontramos no contexto de culpabilidade do próprio sistema, ninguém estará inteiramente livre de traços de barbárie, e tudo dependerá de orientar esses traços contra o princípio da barbárie, em vez de permitir seu curso em direção à desgraça.

Becker — Gostaria de colocar uma questão muito precisa: recentemente um político afirmou que os distúrbios de rua em Bremen por causa dos aumentos tarifários dos transportes seriam uma comprovação da falência da formação política, pois a juventude se manifestou por meio de formas bárbaras contra uma posição pública, acerca de cuja justeza poderia haver várias visões, mas que não poderia ser respondida mediante o que seriam confessadamente intervenções bárbaras.

Adorno — Considero essa afirmativa citada pelo senhor como sendo uma forma condenável de demagogia. Se existe algo que as manifestações dos secundaristas de Bremen demonstra, então é precisamente a conclusão de que a educação política não foi tão inútil como sempre se afirma; isto é, que essas pessoas não permitiram que lhes fosse retirada a espontaneidade, que não se converteram em obedientes instrumentos da ordem vigente. A forma de que a ameaçadora barbárie se reveste atualmente é a de, em nome da autoridade, em nome de poderes estabelecidos, praticarem-se precisamente atos que anunciam, conforme sua própria configuração, a deformidade, o impulso destrutivo e a essência mutilada da maioria das pessoas.

Becker — Contudo, precisamos tentar imaginar a perspectiva em que se situam os jovens. Onde adquirem os critérios para decidir o que é bárbaro? Frequentemente se distingue hoje em dia entre a violência contra os homens e a violência contra as coisas. Distingue-se entre a violência que é praticada, e aquela que é apenas ameaça; fala-se de ausência de violência em ações em si mesmas proibidas. Por assim dizer, desenvolve-se uma graduação da ausência efetiva e da ausência aparente de violência, e a partir desse padrão a questão da barbárie passa a ser avaliada por muitas pessoas. Se entendo bem, a barbárie parece ter um outro sentido para o senhor. A violência pode ser um sintoma da barbárie, mas não precisa necessariamente sê-lo. Na realidade, ao senhor interessa uma outra coisa, o que, na minha opinião, ainda não ficou claro.

Adorno — Bem, parece ser importante definir a barbárie, por mais que me desagrade. Suspeito que a barbárie existe em toda parte em que há uma regressão à violência física primitiva, sem que haja uma vinculação transparente com objetivos racionais na sociedade, onde exista portanto a identificação com a erupção da violência física. Por outro lado, em circunstâncias em que a violência conduz inclusive a situações bem constrangedoras em contextos transparentes para a geração de condições humanas mais dignas, a violência não pode sem mais nem menos ser condenada como barbárie.

Becker — O senhor diria, se entendo bem, que, por exemplo, não é barbárie a demonstração de jovens ou adultos baseada em considerações racionais, ainda que rompa os limites da legalidade. Mas que é barbárie, por outro lado, a intervenção exagerada e objetivamente desnecessária da polícia numa situação destas.

Adorno — Certamente penso assim. Se examinarmos mais de perto os acontecimentos que ocorrem atualmente na rebelião estudantil, então descobriremos que de modo algum se trata neste caso de erupções primitivas de violência, mas em geral de modos de agir politicamente refletidos. Se neste caso esta reflexão é correta ou equivocada, isso não precisa ser discutido agora. Mas não é verdade que se trata de uma consciência deformada, imediatamente agressiva. Os acontecimentos são entendidos, na pior das hipóteses, como estando a serviço da humanidade. Creio que, quando um time de fora que vence é ofendido e agredido num estádio, ou quando um grupo de presumíveis bons cidadãos agride estudantes, ainda que só mediante palavras, podemos apreender de um modo radical, a partir desses exemplos tão atuais, a diferença entre o que é e o que não é barbárie.

Becker — Entretanto, em minha opinião as reflexões por si só não garantem um parâmetro frente à existência da barbárie. Como dirigente governamental, por exemplo, posso me dispor ao uso de armas nucleares em algum lugar da Terra com base em considerações estritamente racionais, e esse ato pode ser bárbaro, apesar do procedimento abrangente, controladíssimo, estritamente racionalizado e não subordinado a emoções graças à utilização de computadores. As reflexões e a racionalidade por si não constituem provas contra a barbárie.

Adorno — Mas eu não disse isso. Se me recordo — e sou um pai de família cuidadoso — me referi também em nossa discussão a reflexões sobre fins transparentes e humanos, e não a reflexões em abstrato. Pois, e nisto o senhor está coberto de razão, a reflexão pode servir tanto à dominação cega como ao seu oposto. As reflexões precisam portanto ser transparentes em sua finalidade humana. É necessário acrescentar estes considerandos.

Becker — Chegamos a uma questão muito difícil: como educar jovens para que efetivamente apliquem essas reflexões a objetivos humanos, ou seja, isto é factível para os jovens? Eu diria que pode muito bem ser possível, mas representa um rompimento com um conjunto de ideias que se tornaram muito simpáticas. Por exemplo, uma proposição básica da pedagogia recorrente na Alemanha, a de que a competição entre crianças deve ser prestigiada. Aparentemente aprende-se latim tão bem assim por causa da vontade de saber latim melhor do que o colega na carteira à nossa direita ou à nossa esquerda. A competição entre indivíduos e entre grupos, conscientemente promovida por muitos professores e em muitas escolas, é considerada no mundo inteiro e em sistemas políticos bem diversos como um princípio pedagógico particularmente saudável. Sou inclinado a afirmar — e me interessa saber sua opinião a respeito — que a competição, principalmente quando não balizada em formas muito flexíveis e que acabem rapidamente, representa em si um elemento de educação para a barbárie.

Adorno — Partilho inteiramente do ponto de vista segundo o qual a competição é um princípio no fundo contrário a uma educação humana. De resto, acredito também que um ensino que se realiza em formas humanas de maneira alguma ultima o fortalecimento do instinto de competição. Quando muito é possível educar dessa maneira esportistas, mas não pessoas desbarbarizadas. Em minha própria época escolar, lembro que nas chamadas humanidades a competição não desempenhou papel algum. O importante era realizar aquilo que se tinha aprendido; por exemplo refletir acerca das debilidades do que a gente mesmo faz; ou as exigências que colocamos para nós mesmos ou à objetivação daquilo que imaginávamos; trabalhar no sentido de superar representações infantis e infantilismos dos mais diferentes tipos.

Abstraindo brincadeiras que transcorreram paralelamente, em minha própria formação não me lembro de que o chamado impulso agônico tenha desempenhado aquele papel decisivo que lhe é atribuído. Na situação escolar, esta é uma daquelas mitologias que continuam lotando nosso sistema educacional e que necessitam de uma análise científica séria.

Becker — Alegra-me muito o fato de o senhor ter frequentado uma escola que lhe foi tão agradável, e alegra-me a nossa concordância tão profunda acerca da recusa das ideias exageradas de competitividade. Creio que tanto no seu tempo como hoje a massa dos professores continua considerando a competitividade como um instrumento central da educação e um instrumento para aumentar a eficiência. Eis um aspecto em que pode ser feito algo de fundamental em relação à desbarbarização.

Adorno — Isto é, desacostumar as pessoas de se darem cotoveladas. Cotoveladas constituem sem dúvida uma expressão da barbárie. No sistema educacional inglês — por menos que nos agrade o momento de conformismo que ele encerra, o objetivo de se tornar brilhante, o que de fato não é uma boa máxima, e que no fundo é hostil ao espírito — encontra-se na ideia de *fair play* momentos de uma consideração segundo a qual a motivação desregrada da competitividade encerra algo de desumano, e nessa medida há muito sentido em se aproveitar do ideal formativo inglês o ceticismo frente ao saudável desejo do sucesso.

Becker — Eu até iria mais além. Creio que erramos em insistir demasiado nessa ideia ainda hoje no esporte. Numa sociedade gradualmente liberada dos esforços físicos, em que a atividade física assume uma importante função lúdica e esportiva na escola, que é muito mais importante do que jamais ocorreu na história da humanidade, ela poderia provocar consequências anímicas equivocadas por meio da competição. Nesse sentido creio que um ponto decisivo consiste também em diminuir o peso das formas muito primitivas e marcadas da competitividade na educação física.

Adorno — Isso levaria a um predomínio do aspecto lúdico no esporte frente ao chamado "desempenho máximo". Considero essa uma inflexão particularmente humana inclusive nesse âmbito dos exercícios físicos, a qual, segundo penso, parece ser estritamente contrária às concepções vigentes no mundo.

Becker — Isso vale para todas as suas afirmações acerca da competição, pois evidentemente seria possível defender a tese de que é preciso se preparar pela competição na escola para uma sociedade competitiva. Bem ao contrário, penso que o mais importante que a escola precisa fazer é dotar as pessoas de um modo de se relacionar com as coisas. E essa relação com as coisas é perturbada quando a competição é colocada no seu lugar. Nesses termos, creio que uma parte da desbarbarização possa ser alcançada mediante uma transformação da situação escolar numa tematização da relação com as coisas, uma tematização em que o fim da proclamação de valores tem uma função, assim como também a multiplicidade da oferta de coisas, possibilitando ao aluno uma seleção mais ampla e, nessa medida, uma melhor escolha de objetos, em vez da subordinação a objetos determinados preestabelecidos, os inevitáveis cânones educacionais.

Adorno — Talvez eu possa voltar mais uma vez a certas questões fundamentais na tentativa de uma desbarbarização mediante a educação. Freud fundamentou de um modo essencialmente psicológico a tendência à barbárie e, nessa medida, sem dúvida acertou na explicação de uma série de momentos, mostrando, por exemplo, que por intermédio da cultura as pessoas continuamente experimentam fracassos, desenvolvendo sentimentos de culpa subjacentes que acabam se traduzindo em agressão. Tudo isso é muito procedente, tem uma ampla divulgação e poderia ser levado em conta pela educação na medida em que ela finalmente levar a sério as conclusões apontadas por Freud, em vez de substituí-las pela pseudoprofundidade de conhecimentos de terceira mão.

Mas, no momento, refiro-me a uma outra questão. Penso que, além desses fatores subjetivos, existe uma razão objetiva da barbárie, que designarei bem simplesmente como a da falência da cultura. A cultura, que conforme sua própria natureza promete tantas coisas, não cumpriu a sua promessa. Ela dividiu os homens. A divisão mais importante é aquela entre trabalho físico e intelectual. Desse modo, ela subtraiu aos homens a confiança em si e na própria cultura. E como costuma acontecer nas coisas humanas, a consequência disso foi que a raiva dos homens não se dirigiu contra o não cumprimento da situação pacífica que se encontra propriamente no conceito de cultura. Em vez disso, a raiva se voltou contra a própria promessa ela mesma, expressando-se na forma fatal de que essa promessa não deveria existir.

Bem, na medida em que tais nexos, como o da falência da cultura, a perpetuação socialmente impositiva da barbárie e este mecanismo de deslocamento que há pouco descrevi são levados de um modo abrangente à consciência das pessoas, seguramente não se poderá sem mais nem menos mudar esta situação, porém será possível gerar um clima que é incomparavelmente mais favorável a uma transformação do que o clima vigente ainda hoje na educação alemã. Essa questão central para mim é decisiva; é a isso que me refiro com a função do esclarecimento, e de maneira nenhuma à conversão de todos os homens em seres inofensivos e passivos. Ao contrário: essa passividade inofensiva constitui, ela própria, provavelmente, apenas uma forma da barbárie, na medida em que está pronta para contemplar o horror e se omitir no momento decisivo.

Becker — Concordo inteiramente. Ainda mais quando eu temia nas suas exposições iniciais que a desbarbarização deveria começar, por assim dizer, com uma diminuição da agressão. O senhor já havia respondido com a citação de Strindberg. Mas penso que precisamos nos proteger de equívocos. Certamente o senhor conhece as propostas um pouco surpreendentes de Konrad Lorenz, que desenvolveu com suas exposições acerca da agressão o ponto de vista de que, se quisermos preservar a paz mundial, será necessário abrir novos campos às agressões dos homens. E nessas considerações cabe, por exemplo, o campo esportivo há pouco descrito pelo senhor ocupando o lugar da guerra a ser evitada. Acredito que — por mais interessantes e estimulantes que sejam as observações de Konrad Lorenz acerca das agressões entre os animais — a conclusão a que se chega nesses termos, ou seja, a recomendação de agressões de alívio, é muito perigosa.

Adorno — Ele conclui assim por razões de darwinismo social. Também a mim ele parece extraordinariamente perigoso, porque implica de uma certa maneira reduzir os homens ao estado de seres naturais.

Becker — Não creio que essa seja a opinião de Lorenz.

Adorno — Não, não é. Mas nesse modo de pensar, como também no de Portmann, seguramente existem certas tendências desse tipo. Com a educação contra a barbárie no fundo não pretendo nada além de que o último adolescente do campo se envergonhe quando, por exemplo, agride um colega com rudeza ou se comporta de um modo brutal com uma moça; quero que por meio do sistema educacional as pessoas comecem a ser inteiramente tomadas pela aversão à violência física.

Becker — Quanto à aversão eu seria cuidadoso...

Adorno — Então pergunto se não existem situações em que sem violência não é possível. Eu diria que nesse caso trata-se de uma sutileza. Mas creio que antes de falarmos sobre as exceções, sobre a dialética existente quando em certas circunstâncias a antibarbárie requer a barbárie, é preciso haver clareza de que até hoje ainda não despertou nas pessoas a vergonha acerca da rudeza existente no princípio da cultura. E que somente quando formos exitosos no despertar dessa vergonha, de maneira que qualquer pessoa se tome incapaz de tolerar brutalidades dos outros, só então será possível falar do resto.

Becker — Bem, a palavra "vergonha" é muito mais do meu agrado, do que a palavra anterior, "aversão". Existe uma literatura ampla a esse respeito que — como é do seu conhecimento — conduz a luta contra a barbárie por meio de uma forma de descrição da barbárie que pode ser apreciada. E na aversão exagerada frente à barbárie pode haver elementos análogos. Nesses termos, considero mais procedente a sua afirmação de que é preciso gerar uma vergonha. Além disso, eu diria que a educação (e por isso o termo "esclarecimento" talvez ainda precise de esclarecimentos) nessas questões deveria se dar com as crianças ainda bem pequenas. É necessário que determinados desenvolvimentos ocorram num período etário — como diríamos hoje — da pré-escola, onde não se verificam apenas adequações sociais decisivas e definitivas, como sabemos hoje, mas também ocorrem adaptações decisivas das disposições anímicas. E é preciso reconhecer com bastante franqueza que em primeiro lugar sabemos pouco acerca de todo esse processo de socialização, e também ainda temos pouco conhecimento cientificamente comprovado acerca de que ações têm quais efeitos nessa idade. No fundo, o importante é deixar as agressões se expressarem nessa idade, mas, ao mesmo tempo, iniciar a sua elaboração. Mas é isso precisamente que coloca as dificuldades maiores ao educador, deixando assim bem claro que no referente a esse problema a formação de educadores encontra--se engatinhando, se é que chegou a tanto.

Adorno — Como alguém que pensa psicologicamente, isso parece-me ser quase uma obviedade. Isso deve-se a que a perpetuação da barbárie na educação é mediada essencialmente pelo princípio da autoridade, que se encontra nessa cultura ela própria. A tolerância frente às agressões, colocada com muita razão pelo senhor como pressuposto para que as agressões renunciem a seu caráter bárbaro, pressupõe por sua vez a renúncia ao comportamento autoritário e à formação de um supereu rigoroso, estável e ao mesmo tempo exteriorizado. Por isso a dissolução de qualquer tipo de autoridade não esclarecida, principalmente na primeira infância, constitui um dos pressupostos mais importantes para uma desbarbarização. Mas eu seria o último a minimizar essas questões, pois os pais com que temos de lidar são, por sua vez, também produtos dessa cultura e são tão bárbaros como o é essa cultura. O direito de punição continua sabidamente a ser, em terras alemãs, um recurso sagrado, de que as pessoas dificilmente abrem mão, tal como a pena de morte e outros dispositivos igualmente bárbaros.

Becker — Se concordamos acerca de como é decisiva a educação na primeira infância, então provavelmente também concordamos em relação a que a autoridade esclarecida, tal como o senhor a formula, não representa uma substituição da autoridade pelo esclarecimento, mas que neste âmbito e justamente na primeira infância precisa haver também manifestações de autoridade.

Adorno — Determinadas manifestações de autoridade, que assumem um outro significado, na medida em que já não são cegas, não se originam do princípio da violência, mas são conscientes, e, sobretudo, que tenham um momento de transparência inclusive para a própria criança; quando os pais "dão uma palmada" na criança porque ela arranca as asas de uma mosca, trata-se de um momento de autoridade que contribui para a desbarbarização.

Becker — Isso está inteiramente correto. Creio que concordamos quanto a que, nessa primeira infância e no sentido da desbarbarização, a criança não pode ser nem submetida autoritariamente à violência, nem submetida à insegurança total pelo fato de não se oferecer a ela nenhuma orientação.

Adorno — Contudo, creio que justamente as crianças que são anêmicas no sentido das concepções vigentes dos adultos e também dos pedagogos, as chamadas plantas de estufa, com as quais foi exitosa já precocemente como que uma sublimação da agressão, serão também como adultos ou como adolescentes aqueles que são relativamente imunes em face das agressões da barbárie. O importante é precisamente isso. Acredito ser importante para a educação que se supere esse tabu acerca da diferenciação, da intelectualização, da espiritualidade, que vigora em nome do menino saudável e da menina espontânea, de modo que consigamos diferenciar e tornar tão delicadas as pessoas no processo educacional que elas sintam aquela vergonha acerca de cuja importância havíamos concordado.

Educação e emancipação

Adorno — A exigência de emancipação parece ser evidente numa democracia. Para precisar a questão, gostaria de remeter ao início do breve ensaio de Kant intitulado "Resposta à pergunta: o que é esclarecimento?". Ali ele define a menoridade ou tutela e, desse modo, também a emancipação, afirmando que esse estado de menoridade é autoincompatível quando sua causa não é a falta de entendimento, mas a falta de decisão e de coragem de servir-se do entendimento sem a orientação de outrem. "Esclarecimento é a saída dos homens de sua autoincompatível menoridade." Esse programa de Kant, que mesmo com a maior má vontade não pode ser acusado de falta de clareza, parece-me ainda hoje extraordinariamente atual. A democracia repousa na formação da vontade de cada um em particular, tal como ela se sintetiza na instituição das eleições representativas. Para evitar um resultado irracional é preciso pressupor a aptidão e a coragem de cada um em se servir de seu próprio entendimento. Se abrirmos mão disso, todos os discursos quanto à grandeza de Kant tornam-se mera retórica, exterioridade; como quando estamos na Alameda da Vitória e chamam a nossa atenção para o grande Príncipe Eleitor. Quando se pretende levar a sério o conceito de uma tradição intelectual alemã, é preciso começar reagindo energicamente a uma tal situação.

Becker — Parece-me ser possível mostrar claramente a partir de toda a concepção educacional até hoje existente na Alemanha Federal que no fundo não somos educados para a emancipação. Pensando na simples situação da estruturação tríplice de nossa educação em escolas para os denominados altamente dotados, em escolas para os denominados medianamente dotados e em muitas escolas para os que seriam praticamente desprovidos de talento, encontra-se nela já prefigurada uma determinada menoridade inicial. Acredito que não fazemos jus completamente à questão da emancipação se não iniciamos por superar, por meio do esclarecimento, o falso conceito de talento, determinante em nossa educação. Muitos de nossos ouvintes sabem que recentemente publicamos o laudo "Talento e aprendizado", do Conselho Alemão de Educação, em que procuramos tornar claro com base em catorze laudos de psicólogos e sociólogos que o talento não se encontra previamente configurado nos homens, mas que, em seu desenvolvimento, ele depende do desafio a que cada um é submetido. Isso quer dizer que é possível "conferir talento" a alguém. A partir disso, a possibilidade de levar cada um a "aprender por intermédio da motivação" converte-se numa forma particular do desenvolvimento da emancipação.

Evidentemente a isso corresponde uma instituição escolar em cuja estruturação não se perpetuem as desigualdades específicas das classes, mas que, partindo cedo de uma superação das barreiras classistas das crianças, torna praticamente possível o desenvolvimento em direção à emancipação mediante uma motivação do aprendizado baseada numa oferta diversificada ao extremo. Para nos expressarmos em termos corriqueiros, isso não significa emancipação mediante a escola para todos, mas emancipação pela demolição da estruturação vigente em três níveis e por intermédio de uma oferta formativa bastante diferenciada e múltipla em todos os níveis, da pré-escola até o aperfeiçoamento permanente, possibilitando, desse modo, o desenvolvimento da emancipação em cada indivíduo, o qual precisa assegurar sua emancipação em um mundo que parece particularmente determinado a dirigi-lo heteronomamente, situação que confere uma importância ainda maior ao processo.

Adorno — Gostaria de sustentar por uma perspectiva bem diversa essa questão fundamentada pelo senhor nos termos de uma reflexão específica acerca de um dos problemas pedagógicos mais importantes da Alemanha, na medida em que o sentido de nosso diálogo não reside em discutirmos acerca de algo que sequer sabemos com segurança ser controverso, e sim em que abordemos as mesmas questões a partir dos diferentes contextos que são peculiares à nossa experiência, procurando ver pela via da experiência os resultados correspondentes. Se me é permitido dizer algo bastante pessoal, tenho tido a experiência de que o efeito das minhas próprias produções, quando existe, na verdade não se relaciona de modo decisivo com talento individual, inteligência ou categorias semelhantes, mas que, devido a uma série de acasos felizes de que não me vanglorio e para que não contribuí em nada, não fui submetido em minha formação aos mecanismos de controle da ciência no modo usual. Portanto, continuo arriscando ter pensamentos não assegurados, via de regra cedo banidos dos hábitos da maioria das pessoas por esse mecanismo de controle poderosíssimo chamado universidade — sobretudo no período em que são, como se costuma dizer, assistentes. Assim, a própria ciência revela-se em suas diversas áreas tão castrada e estéril, em decorrência desses mecanismos de controle, que até para continuar existindo acaba necessitando do que ela mesma despreza. Se tal afirmação for correta, implicará a demolição desse fetiche do talento, de evidente vinculação estreita com a antiga crença romântica na genialidade. Isso, além do mais, encontra-se em concordância com a conclusão psicodinâmica segundo a qual o talento não é uma disposição natural, embora eventualmente tenhamos que conceder a existência de um resíduo natural — nessa questão não há que ser puritano —, mas que o talento, tal como verificamos na relação com a linguagem, na capacidade de se expressar, em todas as coisas assim, constitui-se, em uma importantíssima proporção, em função de condições sociais, de modo que o mero pressuposto da emancipação de que depende uma sociedade livre já encontra-se determinado pela ausência de liberdade da sociedade.

Becker — Não pretendo apresentar novamente, por assim dizer, todo o arsenal relacionado a essa questão. Mas é preciso dizer que, por exemplo, tudo o que Basil Bernstein descobriu acerca do desenvolvimento da linguagem na infância em segmentos socialmente inferiores e o que Oevermann adaptou para a Alemanha revelam com toda clareza que já no início da socialização podem se colocar condições que impliquem uma ausência de emancipação durante toda a vida. De resto me diverti acompanhando as suas considerações autobiográficas, porque talvez não seja por mero acaso que nós dois estejamos inseridos na ciência hoje, embora não tenhamos uma trajetória típica para essa ciência e justamente por isso nos encontremos em condições de conversar acerca do conceito de emancipação.

Adorno — Contudo, o que é peculiar no problema da emancipação, na medida em que esteja efetivamente centrado no complexo pedagógico, é que mesmo na literatura pedagógica não se encontre essa tomada de posição decisiva pela educação para a emancipação, como seria de se pressupor — o que constitui algo verdadeiramente assustador e muito nítido.

Com o auxílio de amigos acompanhei um pouco a literatura pedagógica acerca da temática da emancipação. Mas, no lugar de emancipação, encontramos um conceito guarnecido nos termos de uma ontologia existencial de autoridade, de compromisso, ou outras abominações que sabotam o conceito de emancipação atuando assim não só de modo implícito, mas explicitamente contra os pressupostos de uma democracia. Em minha opinião essas coisas deveriam ser expostas e apresentadas de modo mais acessível, tal é o mofo que continua envolvendo na Alemanha até mesmo uma questão aparentemente tão pertinente ao plano do espírito como a emancipação.

Assim, Ernst Lichtenstein, em seu livro *Educação, autoridade, responsabilidade — reflexões para uma ética pedagógica* que, se estou corretamente informado, é muito influente sobretudo nas discussões acerca da Volksschule, a escola para as camadas mais populares, afirma que:

> Não estaríamos ameaçados pela realidade de uma decadência rápida e terrível do sentido de autoridade, de respeito, de confiança, de crença na ordem em vigor, de disposição ao compromisso em todos os planos da vida, de modo que às vezes uma educação positiva, edificante, profunda, queira se apresentar como ameaçada?

Não pretendo sequer me deter nas frases de que Lichtenstein se serve. O interessante a ser talvez notado também pelos nossos ouvintes é que aqui não se fala de compromissos baseados em uma posição cuja verdade objetiva se assume com base em motivos para tanto, como no tomismo medieval nos termos da situação espiritual então vigente, mas se advoga pelo compromisso e pela ordem talvez porque sejam bons por um ou outro motivo, sem qualquer consideração em relação à autonomia e, portanto, à emancipação. Trinta ou quarenta páginas depois, Lichtenstein declara: "Afinal o que significa 'autonomia'? Nominalmente significa autolegislação, legislação para si próprio. Isso já induz à confusão". Confusão para quem?

> Pois esse conceito [...] porta inevitavelmente a ideia de uma razão legisladora soberana absoluta, que também na educação reivindicaria ser a única medida. Essa pressuposição do "ser humano autônomo" [...] é irrealizável para os cristãos.

Bem, Kant certamente era cristão.

> Mas também a reflexão histórica demonstraria que a ideia de uma pedagogia da razão pura é simplesmente falsa. Objetivos educacionais nunca são posicionamentos do pensamento, nunca são racionalmente impositivos, universalmente válidos.

Creio que filosoficamente é muito bem possível criticar o conceito de uma razão absoluta, bem como a ilusão de que o mundo seja o produto do espírito absoluto, mas por causa disso não é permitido duvidar de que sem o pensamento, e um pensamento insistente e rigoroso, não seria possível determinar o que seria bom a ser feito, uma prática correta. Simplesmente vincular a crítica filosófica do idealismo com a denúncia do pensamento constitui para mim um sofisma abominável, que precisa ser exposto com clareza para levar a esse mofo finalmente uma luz que possibilite sua explosão.

Becker — Não tenho certeza se este mofo pode explodir, mas...

Adorno — Creio que, quimicamente, é possível. Mas não sei se é possível socialmente.

Becker — O problema extrapola bastante a Alemanha e o pensamento alemão. Há alguns anos a imprensa norte-americana anunciava o êxito de que Caroline Kennedy "convertia-se numa criança cada vez mais adaptada". O simples fato de a adaptação ser o êxito principal da educação infantil já deveria ser motivo de reflexão, pois este tipo de pedagogia desenvolveu-se num mundo completamente desvinculado dos efeitos do idealismo alemão.

Adorno — Marcado mais pelo darwinismo do que por Heidegger. Mas os resultados são muito semelhantes.

Becker — Eu queria chegar justamente nesse ponto. Creio que a questão da emancipação é a rigor um problema mundial. Estive durante algumas semanas visitando escolas da União Soviética. Foi muito interessante ver como num país que há muito tempo realizou a transformação das relações de produção mudou extraordinariamente pouco em termos de não educar as crianças para a emancipação e que nessas escolas persista dominando um estilo totalmente autoritário de educar. É efetivamente muito interessante esse fenômeno da continuidade mundial do domínio da educação não emancipadora, embora a época do esclarecimento já vigore há tempos, e embora certamente não apenas em Kant, mas também em Karl Marx haja muitas coisas que se opõem a essa educação não emancipadora.

Em sua citação anterior fiquei particularmente impressionado com a constatação de que a imagem do ser humano autônomo seria irrealizável para os cristãos. É interessante que todo o movimento reformador cristão, da igreja confessional até o concilio, se mova progressivamente em torno do chamado cristão emancipado. Aqui certamente não podemos tratar também dos problemas teológicos. Mesmo assim é preciso constatar que em ambas as Igrejas existe hoje uma interpretação teológica que leva a sério o conceito de emancipação de um modo semelhante à sua concepção em Kant, a partir do que efetivamente questiona massivamente a estrutura vigente de ambas as Igrejas.

Adorno — Certamente. O próprio pequeno ensaio de Kant atesta essa direção, ao explicitar que existiriam na própria igreja de seu tempo possibilidades de emancipação tal como ele a concebe. Mas o senhor tem toda a razão quanto a que o problema da emancipação não é unicamente alemão, mas internacional. E, poderíamos acrescentar, um problema que ultrapassa em muito os limites dos sistemas políticos. Nos Estados Unidos, efetivamente, duas exigências diferentes se chocam diretamente: de um lado, o vigoroso individualismo, que não admite preceitos, e de outro lado a ideia da adaptação assumida do darwinismo por intermédio de Spencer, o ajustamento, que ainda há trinta ou quarenta anos constituía uma palavra mágica na América e que imediatamente tolhe e restringe a independência no próprio ato, mesmo de sua proclamação. Aliás, trata-se de uma contradição que percorre toda a história burguesa. Que ideologias de caracterização tão diferente como a ideologia vulgar do pragmatismo, na América, e a filosofia de Heidegger, na Alemanha, terminem por coincidir justamente no mesmo, isto é, na glorificação da heteronomia, isso confirma a teoria das ideologias, na medida em que até mesmo formações intelectuais que se oponham tão asperamente quanto a seu conteúdo podem, repentinamente, coincidir nos termos de sua referência social, ou seja, naquilo que procuram manter ou defender. Como, aliás, são quase chocantes as coincidências entre o positivismo ocidental e o que ainda sobrou de metafísica na Alemanha. Seria possível afirmar que essas coincidências apontariam até mesmo a falência da filosofia.

Becker — Em sua citação ainda uma outra questão chamou minha atenção. É correto considerar a autonomia nessa forma como conceito oposto à autoridade? Não seria necessário refletir essa relação de um modo um pouco diverso?

Adorno — Creio até mesmo que ocorram alguns abusos com o conceito de autoridade. Justamente eu, que afinal sou o responsável principal pelos *Estudos sobre a personalidade autoritária* — e não estou me referindo a ser responsável pelo fenômeno que ali se aborda —, tenho um certo direito de apontar essa questão. Em primeiro lugar, autoridade é um conceito essencialmente psicossocial, que não significa imediatamente a própria realidade social. Além disso, existe algo como uma autoridade técnica — ou seja, o fato de que um homem entende mais de algum assunto do que outro —, que não pode simplesmente ser descartada. Assim, o conceito de autoridade adquire seu significado no âmbito do contexto social em que se apresenta.

Mas quero acrescentar ainda algo mais específico, já que o senhor apontou a questão da autoridade; algo que se relaciona ao processo de socialização na primeira infância, e por essa via eu diria que se refere como que ao ponto de confluência das categorias sociais, pedagógicas e psicológicas. O modo pelo qual — falando psicologicamente — nos convertemos em um ser humano autônomo, e portanto emancipado, não reside simplesmente no protesto contra qualquer tipo de autoridade. Investigações empíricas tais como as realizadas nos Estados Unidos por minha finada colega Else Frenkel-Brunswik revelaram justamente o contrário, ou seja, que as crianças chamadas comportadas tornaram-se pessoas autônomas e com opiniões próprias antes das crianças refratárias, que, uma vez adultas, imediatamente se reúnem com seus professores nas mesas dos bares, brandindo os mesmos discursos. É o processo — que Freud denominou como o desenvolvimento normal — pelo qual as crianças em geral se identificam com uma figura de pai, portanto, com uma autoridade, interiorizando-a, apropriando-a, para então ficar sabendo, por um processo sempre muito doloroso e marcante, que o pai, a figura paterna, não corresponde ao eu ideal que aprenderam dele, libertando-se assim do mesmo e tornando-se, precisamente por essa via, pessoas emancipadas. Penso que o momento da autoridade seja pressuposto como um momento genético pelo processo da emancipação. Mas de maneira alguma isso deve possibilitar o mau uso de glorificar e conservar essa etapa, e quando isso ocorre os resultados não serão apenas mutilações psicológicas, mas justamente aqueles fenômenos do estado de menoridade, no sentido da idiotia sintética que hoje constatamos em todos os cantos e paragens.

Becker — Creio que é importante fixarmos esta questão: que evidentemente o processo de rompimento com a autoridade é necessário, porém que a descoberta da identidade, por sua vez, não é possível sem o encontro com a autoridade. Disso resulta uma série de consequências muito complexas e aparentemente contraditórias para a elaboração de nossa estrutura educacional. Afirma-se que não tem sentido uma escola sem professores, mas que, por sua vez, o professor precisa ter clareza quanto a que sua tarefa principal consiste em se tornar supérfluo. Essa simultaneidade é tão difícil porque nas formas de relacionamento atuais corre-se o risco de um comportamento autoritário do professor estimulando os alunos a se afastar dele. Nesses termos, todo esse processo que o senhor acabou de descrever seria praticamente destruído por uma falsa focalização. O resultado será uma emancipação ilusória de estudantes, que acabará em superstição e na dependência de todo um conjunto de manipulações.

Adorno — Concordo inteiramente. Talvez se possa ver o problema da menoridade hoje ainda por um outro aspecto, talvez pouco conhecido. De uma maneira geral afirma-se que a sociedade, segundo a expressão de Riesman, "é dirigida de fora", que ela é heterônoma, supondo nesses termos simplesmente que, como também Kant o faz de um modo bem parecido no texto referido, as pessoas aceitam com maior ou menor resistência aquilo que a existência dominante apresenta à sua vista e ainda por cima lhes inculca à força, como se aquilo que existe precisasse existir dessa forma.

Há pouco eu dizia que os mecanismos da identificação e da substituição nunca acontecem sem deixar marcas. Gostaria de ressaltá-lo em relação ao próprio conceito de identificação. Certamente o conjunto de nossos leitores já ouviu falar do conceito de função que desde Merton e sobretudo desde Talcott Parsons desempenha um papel tão importante na sociologia contemporânea, sem que de um modo geral as pessoas atentem a que já no próprio conceito de função ou papel, derivado do teatro, prolonga-se a não identidade dos seres humanos consigo mesmos. Isto é, quando a função é convertida em um padrão social, por essa via se perpetua também que os homens não são aqueles que eles mesmos são, portanto que eles são não idênticos. Considero repugnante a versão normativa do conceito de papel, e é preciso contrapor-se a ele com todo o vigor. Mas de um ponto de vista fenomenológico, portanto como descrição de uma situação de fato, ele é procedente. Quer me parecer que para a maioria das pessoas as identificações com o supereu que efetuam e de que então não conseguem mais se libertar sempre eram ao mesmo tempo malsucedidas. Portanto, pessoas incontáveis interiorizam, por exemplo, o pai opressivo, brutal e dominador, mas sem poder efetivar essa identificação, justamente porque as resistências a ela são excessivamente poderosas. E precisamente porque não conseguem realizar a identificação, porque há inúmeros adultos que no fundo apenas representam um ser adulto que nunca conseguiram ser totalmente, e assim possivelmente precisam sobrerrepresentar sua identificação com tais modelos, exagerar, encher o peito, bravejar com voz adulta, só para dar credibilidade frente aos outros ao papel malsucedido para eles próprios. Creio que justamente esse mecanismo gerador da menoridade também pode ser encontrado entre certos intelectuais.

Becker — Imagino que não apenas entre intelectuais. Se aplicarmos o conceito de papel a todo o espectro social, encontraríamos manifestações semelhantes em todas as camadas da sociedade. Tome-se a situação de uma empresa onde inclusive o trabalhador individual, o aprendiz, o empregado, justamente quando insatisfeito com sua situação, representa funções, papéis que provêm das mais diferentes situações. Creio que se aplicarmos as consequências da necessidade da emancipação ao conjunto do processo de trabalho, rapidamente tenhamos que concluir por mudanças bastante profundas em toda nossa formação profissional. Volto a destacar a referência ao conselho educacional e às recentes recomendações para a formação dos aprendizes. O fato de na Alemanha ainda termos uma formação de aprendizes que — abstraindo de um número reduzido de excelentes empresas de grande porte — provém propriamente do período pré-industrial, implica efetivamente que perpetuamos formas de menoridade e que toda a formação no local de trabalho, todo o chamado *on the job training* ocorre na prática com muita frequência sob formas de adestramento; nos casos de reeducação que se apresentam atualmente, por exemplo, na agricultura e na mineração, de enorme importância numérica, deparamo-nos com as dificuldades resultantes de oferecermos determinados aprendizados bem objetivos, mas sempre fracassamos nos termos dessa oferta, porque junto com ela não transmitimos ou não conseguimos transmitir o comportamento autônomo. Por exemplo, quando alguém que trabalhou como contador e se tornou supérfluo pela introdução das máquinas correspondentes, devendo passar por uma preparação educacional como programador, é necessário que não aprenda apenas o que deverá fazer, mas receba também uma outra perspectiva de orientação, uma outra dimensão de pensamento. Para isso seria necessário, por exemplo, aprender possivelmente uma outra língua, mesmo sem necessitá-la, pois desse modo desenvolve-se um outro plano de experiência. Essa combinação entre preparação imediata e horizonte de orientação é algo que na prática ainda falta a toda nossa formação profissional e que eu considero tão importante porque, num mundo como o nosso, o apelo à emancipação pode ser uma espécie de disfarce da manutenção geral de um estado de menoridade, e porque é muito importante traduzir a possibilidade de emancipação em situações formativas concretas.

Adorno — Sim, certamente este também é um momento significativo. Sem assumir a pretensão de julgar obrigatoriamente a respeito desse setor específico, gostaria de acrescentar que a emancipação precisa ser acompanhada de uma certa firmeza do eu, da unidade combinada do eu, tal como formada no modelo do indivíduo burguês. A situação atualmente muito requisitada e, reconheço, inevitável, de se adaptar a condições em permanente mudança, em vez de formar um eu firme, relaciona-se, de uma maneira a meu ver muito problemática, com os fenômenos da fraqueza do eu conhecidos pela psicologia. Considero como questão em aberto se isso efetivamente favorece a emancipação em pessoas praticamente desprovidas de uma representação sólida da própria profissão, e que mudam e se adaptam relativamente sem esforço, ou se justamente essas pessoas se revelam como não emancipadas, na medida em que aos domingos deixam de lado qualquer reflexão nos estádios esportivos.

Becker — Acho que não preciso chamar sua atenção para a dialética do esclarecimento; acrescento apenas que evidentemente o mesmo processo que torna possível a maioridade pela emancipação também coloca em risco os resultados da emancipação a partir da fraqueza do eu ou do risco da fraqueza do eu.

Adorno — Sim, esse é um risco muito grave. Creio que nesses termos chegamos propriamente ao ponto crítico de nossa discussão. No ensaio que citei no início, referente à pergunta "vivemos atualmente em uma época esclarecida" Kant respondeu: "Não, mas certamente em uma época de esclarecimento". Nesses termos ele determinou a emancipação de um modo inteiramente consequente, não como uma categoria estática, mas como uma categoria dinâmica, como um vir-a-ser e não um ser. Se atualmente ainda podemos afirmar que vivemos numa época de esclarecimento, isso tornou-se muito questionável em face da pressão inimaginável exercida sobre as pessoas, seja simplesmente pela própria organização do mundo, seja num sentido mais amplo, pelo controle planificado até mesmo de toda realidade interior pela indústria cultural. Se não quisermos aplicar a palavra "emancipação" num sentido meramente retórico, ele próprio tão vazio como o discurso dos compromissos que as outras senhorias empunham frente à emancipação, então por certo é preciso começar a ver efetivamente as enormes dificuldades que se opõem à emancipação nessa organização do mundo. Creio que deveríamos dizer algo a esse respeito.

O motivo evidentemente é a contradição social; é que a organização social em que vivemos continua sendo heterônoma, isto é, nenhuma pessoa pode existir na sociedade atual realmente conforme suas próprias determinações; enquanto isto ocorre, a sociedade forma as pessoas mediante inúmeros canais e instâncias mediadoras, de um modo tal que tudo absorvem e aceitam nos termos dessa configuração heterônoma que se desviou de si mesma em sua consciência. É claro que isso chega até às instituições, até à discussão acerca da educação política e outras questões semelhantes. O problema propriamente dito da emancipação hoje é se e como a gente — e quem é "a gente", eis uma grande questão a mais — pode enfrentá-lo.

Becker — Ao que me parece, nesse aspecto uma das tarefas mais importantes na reforma da escola é o fim da educação conforme um cânone estabelecido e a substituição desse cânone por uma oferta disciplinar muito diversificada, portanto, uma escola — conforme a expressão técnica — dotada de ampla diferenciação eletiva e extensa diferenciação interna no plano das diferentes disciplinas. Todos os "jogos de emancipação", tais como se dão, por exemplo, na participação estudantil na administração, adquirem outro significado, na medida em que o próprio aluno participa individualmente ou em grupo da definição de seu programa de estudos e da seleção de sua programação de disciplinas, tornando-se por esta via não apenas mais motivado para os estudos, mas também acostumado a ver no que acontece na escola o resultado de suas decisões, e não de decisões previamente dadas. Tenho certeza que evidentemente também esse sistema, quando utilizado do modo correspondente, pode se converter em fachada aparente e usado de fato como instância tecnocrática de seleção. Mas acredito que isso não é inevitável. Parece-me que nas manifestações frequentemente abstrusas da oposição estudantil existe atualmente um núcleo verdadeiro através do qual se poderia — bem, não quero dizer "apreendê-la"

—, mas ao qual se deveria dar a resposta verdadeira, oferecendo ao estudante com vontade de participar das decisões a chance de participar da definição de seu próprio currículo escolar objetivo.

Adorno — Tenho a impressão de que, por mais que isso seja almejável, tudo ainda se dá excessivamente no âmbito institucional, sobretudo da escola. Mesmo correndo o risco de ser taxado de filósofo, o que, afinal, sou, diria que a figura em que a emancipação se concretiza hoje em dia, e que não pode ser pressuposta sem mais nem menos, uma vez que ainda precisa ser elaborada em todos, mas realmente em todos os planos de nossa vida, e que, portanto, a única concretização efetiva da emancipação consiste em que aquelas poucas pessoas interessadas nessa direção orientem toda a sua energia para que a educação seja uma educação para a contestação e para a resistência. Por exemplo, imaginaria que nos níveis mais adiantados do colégio, mas provavelmente também nas escolas em geral, houvesse visitas conjuntas a filmes comerciais, mostrando-se simplesmente aos alunos as falsidades aí presentes; e que se proceda de maneira semelhante para imunizá-los contra determinados programas matinais ainda existentes nas rádios, em que nos domingos de manhã são tocadas músicas alegres como se vivêssemos num mundo "feliz", embora ele seja um verdadeiro horror; ou então que se leia junto com os alunos uma revista ilustrada, mostrando-lhes como são iludidas, aproveitando-se suas próprias necessidades impulsivas; ou então que um professor de música, não oriundo da música jovem, proceda a análises dos sucessos musicais, mostrando-lhes por que um *hit* da parada de sucessos é tão incomparavelmente pior do que um quarteto de Mozart ou de Beethoven ou uma peça verdadeiramente autêntica da nova música. Assim, tenta-se simplesmente começar despertando a consciência quanto a que os homens são enganados de modo permanente, pois hoje em dia o mecanismo da ausência de emancipação é o *mundus vult decipi* em âmbito planetário, de que o mundo quer ser enganado. A consciência de todos em relação a essas questões poderia resultar dos termos de uma crítica imanente, já que nenhuma democracia normal poderia se dar ao luxo de se opor de maneira explícita a um tal esclarecimento. Por outro lado, posso muito bem imaginar o lobby da indústria cinematográfica imediatamente presente na capital caso houvesse tal iniciativa, explicitando que desse modo pretendemos promover uma propaganda ideológica unilateral, além de prejudicarmos, por outro lado, os interesses econômicos da indústria cinematográfica, tão importantes para o balanço das finanças alemãs. Num processo real para promover a emancipação tudo isso teria de ser levado em conta.

Becker — Com o que ainda ficamos sem saber se esses filmes desvendados dessa maneira exercem mesmo assim, com base em motivações subjacentes muito bem conhecidas ao senhor, um poder de atração considerável, de modo que talvez a indústria cinematográfica acabe inclinada a considerar esse desvendamento uma espécie de propaganda, em vez de opor-se de cara a ele.

Adorno — Mas é possível torná-los "infectos" aos jovens. Todas as épocas produzem os termos que lhe são apropriados. E muitas dessas expressões são muito boas, como "nojento", "tornar infestado". Eu advogaria bastante uma educação do "tornar infecto".

Becker — Gostaria de abordar mais uma questão que nesse contexto sempre me perturba. Imaginemos por um instante fazer tudo o que dissemos aqui: teríamos uma instituição escolar diferenciada em que a amplitude das ofertas produz as motivações de aprendizado correspondentes, em que não ocorre a seleção conforme falsos conceitos de talento, mas sim uma promoção nos termos da superação dos obstáculos sociais correspondentes por meio de uma educação compensatória e assim por diante e, por essa via, poderíamos esclarecer, por assim dizer, determinados pressupostos básicos para a emancipação, e na formação profissional seriam feitas coisas semelhantes. Permanece a questão da possibilidade de, mesmo ocorrendo tudo isso, aquele que por essa via se torna esclarecido, criticamente consciente, ainda permanecer teleguiado de uma determinada maneira em seu comportamento, não sendo, em sua aparente emancipação, autônomo no sentido que se imaginava nos primórdios da Ilustração. Não penso que isso seja um argumento contrário a tudo o que discutimos. Porém trata-se de uma espécie de alerta para ter cuidado frente ao otimismo possivelmente associado ao discutido. Quero dizer apenas que até mesmo esse homem emancipado permanece arriscado — o senhor mesmo alertou para essa questão — a não ser emancipado.

Adorno — Quero atentar expressamente para esse risco. E isso simplesmente porque não só a sociedade, tal como ela existe, mantém o homem não emancipado, mas porque qualquer tentativa séria de conduzir a sociedade à emancipação — evito de propósito a palavra "educar" — é submetida a resistências enormes, e porque tudo o que há de ruim no mundo imediatamente encontra seus advogados loquazes, que procurarão demonstrar que, justamente o que pretendemos encontra-se de há muito superado ou então está desatualizado ou é utópico. Prefiro encerrar a conversa sugerindo à atenção dos nossos ouvintes o fenômeno de que, justamente quando é grande a ânsia de transformar, a repressão se torna muito fácil; que as tentativas de transformar efetivamente o nosso mundo em um aspecto específico qualquer imediatamente são submetidas à potência avassaladora do existente e parecem condenadas à impotência. Aquele que quer transformar provavelmente só poderá fazê-lo na medida em que converter essa impotência, ela mesma, juntamente com a sua própria impotência, em um momento daquilo que ele pensa e talvez também daquilo que ele faz.

Referências

O que significa elaborar o passado
Palestra no Conselho de Coordenação para a Colaboração Cristã-Judaica, 1959; publicado em *Relato sobre a Conferência de Educadores*, Wiesbaden, novembro de 1959 e em T. W. Adorno, *Eingriffe* [Intervenções], ed. Suhrkamp, 1963; transmitido pela Rádio de Hessen em 7 de fevereiro de 1960.

A filosofia e os professores
Palestra na Casa do Estudante de Frankfurt; publicado em *Neue Sammlung*, março/abril de 1962 e em T. W. Adorno *Eingriffe* [Intervenções], ed. Suhrkamp 1963; transmitido pela Rádio de Hessen em novembro de 1961.

Televisão e formação
Debate na Rádio de Hessen; transmitido em 1º de junho de 1963; publicado em *Volkshochschule im Westen*, vol. 3, 1963.

Tabus acerca do magistério
Palestra no Instituto de Pesquisas Educacionais de Berlim em 21 de maio de 1965; publicado em *Neue Sammlung* novembro/dezembro, 1965, e em T. W. Adorno, *Stichworte* [Motes], ed. Suhrkamp, 1969; transmitido pela Rádio de Hessen em 9 de agosto de 1965.

Educação após Auschwitz

Palestra na Rádio de Hessen; transmitido em 18 de abril de 1965; publicado em *Zum Bildungsbegriff der Gegenwart*, Frankfurt, 1967 e em T. W. Adorno, *Stichworte*, ed. Suhrkamp, 1969.

Educação — para quê?

Debate na Rádio de Hessen; transmitido em 26 de setembro de 1966; publicado em *Neue Sammlung*, janeiro/fevereiro de 1967.

A educação contra a barbárie

Debate na Rádio de Hessen; transmitido em 14 de abril de 1968.

Educação e emancipação

Debate na Rádio de Hessen; transmitido em 13 de agosto de 1969.

Cronologia

1903	Adorno nasce em Frankfurt am Main em 11 de setembro.
1924	Doutorado na Universidade de Frankfurt sobre "A trans--cendência da coisa e do noemático na fenomenologia de Husserl".
1931	Livre-docência na Universidade de Frankfurt: "Kierkegard. A construção do estético".
1934	Emigração para Oxford.
1938	Mudança para Nova York.
1941/1947	Mudança para Los Angeles, elaboração conjunta com Max Horkheimer da *Dialética do esclarecimento: fragmentos filosóficos.*
1949	Retorno a Frankfurt. *A filosofia da nova música.*
1951	*Minima moralia.*
1952	*Ensaio sobre Wagner.*
1955	*Prismas. Crítica cultural e sociedade.*
1956	*Dissonâncias — a música no mundo administrado; Metacrítica da teoria do conhecimento — estudos sobre Husserl e as antinomias fenomenológicas.*
1957	*Aspectos da filosofia de Hegel.*
1958	*Notas de literatura – I.*
1959	*Klangfiguren — Figurações tonais. Escritos musicais.*

1960	*Mahler. Uma fisionomia musical.*
1961	*Notas de literatura — II.*
1962	*Introdução à sociologia da música — doze ensaios teóricos; Sociológica — II.* Palestras e discursos de Horkheimer e Adorno
1963	*Três estudos sobre Hegel. Eingriffe — Intervenções — nove modelos críticos. O fiel korrepetitor — escritos para a prática musical. Quasi una fantasia — escritos musicais — II.*
1964	*Moments musicaux; ensaios 1928-1962. O jargão da autenticidade — sobre a ideologia alemã.*
1965	*Notas de literatura — III.*
1966	A dialética negativa. *Ohne Leitbild — Sem modelo ideal.*
1969	6 de agosto: morte em Visp, perto de Zermatt, no cantão de Wallis, Suíça. *Stichworte — Motes — Modelos críticos II.*
1970	*Escritos — vol. 7: Teoria Estética.* *Educação e emancipação.* *Sobre Walter Benjamim Escritos — vol. 5: Metacrítica da teoria do Conhecimento: Três estudos sobre Hegel. Escritos — vol. 13: Monografias musicais: Wagner, Mahler, Berg.*
1972	*Escritos – vol. 8: Escritos sociológicos I.*
1973	*Escritos – vol. 1: Primeiros escritos filosóficos. Escritos – vol. 6: A dialética negativa. Escritos – vol. 14: Dissonâncias; Introdução à sociologia da música.*
1974	*Escritos – vol. 11: Notas de literatura.* *Escritos – vol. 9: Escritos de sociologia — II.* *Escritos – vol. 12: Filosofia da nova música.*
1976	*Escritos – vol. 10: Crítica cultural e sociedade; Prismas, Ohne Leitbild. Escritos – vol. 15: A composição para o cinema/o fiel korrepetitor.*
1978	*Escritos vol. 16: Escritos musicais — I-III; figurações tonais; Quasi una fantasia; Apêndice: escritos musicais — III.*

Este livro foi composto na tipografia Minion Pro, em corpo 11,5/16, e impresso em papel off-white no Sistema Digital Instant Duplex da Divisão Gráfica da Distribuidora Record.